小学生走近诗词名家

走近李清照

总 主 编：赵培敏　方亮辉

本册主编：徐松炬

本册编写：李益友　朱　玲　张晶晶
倪敏敏　余　悦　吴　晓
周林燕　戎立平　方　芳
赵书艺　王鲁宁

ZHEJIANG UNIVERSITY PRESS
浙江大学出版社
·杭州·

图书在版编目(CIP)数据

走近李清照 / 徐松炬主编. —杭州:浙江大学出版社,2022.9

(小学生走近诗词名家)

ISBN 978-7-308-22951-7

Ⅰ.①走… Ⅱ.①徐… Ⅲ.①李清照(1084—约1151)—人物研究②李清照(1084—约1151)—宋词—诗词研究 Ⅳ.①K825.6②I207.23

中国版本图书馆 CIP 数据核字(2022)第 152529 号

走近李清照

ZOUJIN LIQINGZHAO

总 主 编 赵培敏 方亮辉

本册主编 徐松炬

责任编辑 王品方

责任校对 丁佳雯

封面设计 刘依群

出版发行 浙江大学出版社

(杭州市天目山路 148 号 邮政编码 310007)

(网址:http://www.zjupress.com)

排 版 杭州星云光电图文制作有限公司

印 刷 杭州钱江彩色印务有限公司

开 本 710mm×1000mm 1/16

印 张 5.5

字 数 131 千

版 印 次 2022 年 9 月第 1 版 2022 年 9 月第 1 次印刷

书 号 ISBN 978-7-308-22951-7

定 价 20.00 元

写在前面的话

亲爱的小读者：

在这本书中，小雅将陪着你通过读李清照的诗词、读注释、读评论，走进“千古第一才女”李清照。

作为婉约派词宗，李清照的词历来深受大家的喜爱。读李清照不同时期的词，就像品一杯香茶，杯杯不同，却又杯杯香浓。

少女时期的李清照，聪慧羞涩。她可以约上闺蜜荡舟荷花丛中，“常记溪亭日暮，沉醉不知归路”；她会感叹时光流逝，渴望留住青春，“知否，知否？应是绿肥红瘦”；她也会为了偷看心上人，假装嗅青梅，“和羞走，倚门回首，却把青梅嗅”。

婚后的李清照，相思缠绵。她的相思是浓烈、难以开解的，“一种相思，两处闲愁。此情无计可消除，才下眉头，却上心头”；她的相思是愁苦、凄清的，“莫道不消魂，帘卷西风，人比黄花瘦”；她的相思还是千重百叠、荡气回肠的，“惟有楼前流水，应念我、终日凝眸。凝眸处，从今又添，一段新愁”。

晚年的李清照，凝重悲伤。再嫁离婚后的她，身心俱损，“只恐双溪舴艋舟，载不动许多愁”；经历国破家亡，与丈夫天人两别，“寻寻觅觅，冷冷清清，凄凄惨惨戚戚”。

这些颇具传奇色彩的作品，给我们展现了李清照传奇的一生。

在这本书中，我们按照李清照的人生历程将她的诗词分为“书香才女”“闲居时光”“国破流离”“桑榆暮景”四章，感受她文学领域的杰出成就。在第五章“婉约词宗”里，我们可以了解后人对她的评价，感受她作为一个女词人，在宋代文坛乃至整个中华文坛的超然地位。在每一节的学习中，小雅会和你一起“四步走”读李清照的诗词：在“文意探究”中借助注释，读懂诗词；在“情感体悟”中透过文字，体会情感；在“名句赏析”中品析名句，诵读积累；在“拓展延伸”中搜集阅读或深入理解相关词作。相信你一定会被李清照的才华所折服；同时，也相信你会在不知不觉中找到读诗词的密钥，并把阅读的方法运用到学习和生活中。

你们的大朋友　小雅

2020 年夏于宁波

目　录

第一章　书香才女

小雅说

宋神宗元丰七年(1084),李清照出生于齐州章丘(今山东济南章丘)。父亲李格非,是大文豪苏轼的得意门生,学富五车,才华横溢。生母是丞相王珪的长女,继母是状元王拱辰的孙女,知书能文。相传其父借用唐朝诗人王维的那句“明月松间照,清泉石上流”,给女儿取名“清照”。

那个时代的女孩,大都过着“大门不出、二门不迈”的生活。但是,李清照的父母很开明,带她亲近自然,教她博览家中万卷藏书,鼓励她“舞文弄墨”。自由的生活环境让她的性格变得活泼大方,甚至不把自己当作大家闺秀。

六岁那年,李清照的父亲被任命为太学正,相当于大宋最高学府的教授。她跟着父亲来到了首都汴京(今河南开封)。繁荣的汴京给了她更广阔的天地,让她多了一份肆意洒脱,她可以留下“常记溪亭日暮,沉醉不知归路”的回忆:约上三五好友,玩到天色昏黑,举杯畅饮,不醉不归。这样的环境,也激发了李清照的创作才华,花草鸟木、山水云雨信手拈来,一首首诗词,表达了她对美好生活的向往与追求。

一首《如梦令·昨夜雨疏风骤》一经问世便轰动京城,当时的读书人没有一个不击节称赏。才女之名也妥妥地落在了李清照的身上。

宋徽宗建中靖国元年(1101),李清照与兴趣相投、志同道合的赵明诚喜结连理。婚后,李清照与丈夫一起品鉴金石字画,切磋诗词文章。美好的家庭生活化作灵感,一首首朗朗上口、情景交融、超凡脱俗、意境独特的诗词喷涌而出。

第一节 烂漫少女，溪亭泛舟

十五六岁的李清照，已是娉婷女子，些许任性，些许洒脱，些许倔强，更有“腹有诗书气自华”的气质。她不喜欢拘束，也不喜欢沉默。年岁渐长，她越来越向往外面的世界。如果可以，她甚至希望去向远方，遇见所要遇见的。显然，对这个性格活泼且满是书卷气的女子来说，闺房太过死气沉沉了。

终于，她走出来了。在一个夏天的傍晚，她与一群好朋友去溪亭游玩。她们可不是中规中矩地在小花园里散步，而是坐在一起说笑吃喝、饮酒品茶。不知不觉中太阳已西下，糟糕，父母该责备了！快些划船回家吧！可是她们也许是酒喝得太多了，也许是陶醉于眼前的美景而忘乎所以，也许是心里太着急乱了方向，她们东摇西晃，左划右转，小船就是不听指挥，摇摇晃晃地直闯入浓密的荷花丛中，惊得荷叶深处打盹儿的沙鸥、白鹭扑棱棱飞起来，湖面上顿时荡漾起姑娘们银铃般的笑声。

窈窕的少女，潋滟的水光，田田的荷叶，这样的画面永远定格在李清照的内心中。以至于几年以后，李清照想起当日往事，依旧觉得颇有情趣。于是，她飘然落笔，用轻灵的词句写下了《如梦令·常记溪亭日暮》：

常记①溪亭②日暮③，沉醉④不知归路。兴尽⑤晚⑥回舟⑦，误入⑧藕花深处。争渡⑨，争渡，惊起一滩鸥鹭。

①常记：时常记起。

②溪亭：临水的亭台。

③日暮：黄昏时候。

④沉醉：大醉。

⑤兴尽：尽了兴致。

⑥晚：比合适的时间靠后，这里意思是天黑路暗了。

⑦回舟：乘船而回。

⑧误入：不小心进入。

⑨争渡：奋力把船划出去。

文意探究

1. 读读故事，再读读词，在故事中画出能帮助你理解词意的句子。

2. 借助上面的注释，进一步理解这首词的意思，完成下面的练习。

(1)词中“________”一词，告诉我们词人游玩的时间；“________”一词，告诉我们游玩的地点。

(2)“沉醉不知归路”的结果是“________________”“________________”。

情感体悟

1. 词中“________”“__________”，都表达出词人心底的欢愉。

2. 对《如梦令》一词感悟有误的一项是(　　)

A. 这首词表现了词人热爱生活、热爱自然的欢畅心情和清雅逸趣。

B. “沉醉”表明因尽兴畅饮而大醉，也包含了词人为初秋溪边美景沉醉之意。

C. “惊起”一句让我们联想到当时鸥鹭受惊纷飞，主人公心惊酒醒，倍感舒畅的情景。

D. 词中与“误入”互为照应的是“不知归路”和“争渡”。

名句赏析

小雅助学

这首小令用词简练，只选取了几个片段，就把移动着的风景和词人怡然的心情融合在一起，同时变化的情绪带出了变化的动作，起伏之间，富有节奏感。词人把瞬时的动作、瞬时的心情、瞬时的景色，联结成一个有机的整体，一个极富立体感的生活画面。这画面在清新之景中又渗透了野逸之情。

整首词以悠闲的游兴始，中经溪亭"玩醉"。"沉醉"二字表露了词人心底的欢愉，"不知归路"也曲折传递出词人流连忘返的情致，看起来，这是一次给词人留下了深刻印象的十分愉快的游赏。

转而，急切回舟。"兴尽"两句，就把这种意兴递进了一层，兴尽方才回舟，那么，兴未尽呢？恰恰表明兴致之高，不想回舟。

紧接，误入藕花。"误入"一句，同前面的"不知归路"相呼应，显示了词人的忘情心态。盛放的荷花丛中正有一叶扁舟摇荡，舟上是游兴未尽的少年才女，这样的美景，一下子跃然纸上，呼之欲出。

最后，惊起鸥鹭。两个"争渡"，表达了主人公急于从迷途中找寻出路的焦灼心情。正是由于"争渡"，所以又"惊起一滩鸥鹭"，把停栖于洲渚上的水鸟都吓飞了。

1. 整首词，词人只选取了几个片段，将移动的风景与怡然的心情融合在一起。一波三折的情绪，耐人寻味。你能概括出词人情绪的起伏变化吗？

(　　　　)　　(尽兴)　　(忘情)　　(　　　　)

2. 词中的三个动作"回舟""误入""争渡"，为我们描绘了一个个精彩瞬间，一幅幅野逸画卷。尤其是"争渡"一词，连用两次，让我们仿佛看到了一个怎样的画面？

____

____

拓展延伸

历史上的词人，以《如梦令》为词牌名作了许多阕词。请上"古诗文网"搜索，找一首意境同样欢愉的词摘抄在下面。

____

____

第二节　醉酒伤春，慨叹时光

对于一个少女来说，春天比起夏天，无疑更浪漫也更多情。在一个风雨交加的夜晚，李清照独自在家中花园饮酒，海棠在风雨中摇曳，风雨也搅动着少女的情思，美酒则更令她沉醉。这一醉，昏昏沉沉地睡了整晚，直到天光大亮，残留的酒意依然让她迷迷糊糊。可李清照并非只喜欢饮酒而不懂春意的“酒鬼”，虽然宿醉难忍，但她竟担心起花园里的海棠。

这时家中侍女来到床前，李清照忙问：“园子里的海棠现在怎样了？昨晚上这一场狂风骤雨，海棠怕是要遭殃了！”

谁知侍女却答：“小姐，您就别为海棠操心了，只要您没事就好！海棠可比小姐的身子结实，它不会有事的！”

侍女的话固然没错，她只关心李清照，才不会理会什么海棠，然而她又如何能了解这位文弱小姐敏感纤细的内心感受呢？海棠花姿舒展潇洒，花开似锦，素来有“花中神仙”“花中贵妃”的美称，是温和、美丽、喜悦的象征。而正处青春年华的李清照，不正像美丽沉静、雅致温润的海棠吗？李清照追问风雨中海棠的境况，未尝不是在追问自己的青春岁月。

唉！你这个好心的卷帘人懂得什么？一场风雨过后，海棠花叶当然更加滋润肥硕，然而娇艳的花朵恐怕早就被春风春雨吹落了！

李清照是多么感慨时光流逝，多么渴望留住青春啊！于是就提起笔写下了《如梦令·昨夜雨疏风骤》：

昨夜雨疏风骤①，浓睡不消残酒②。试问卷帘人③，却道海棠依旧。知否，知否？应是绿肥红瘦④。

①雨疏风骤：雨点疏狂，晚风急猛。疏，疏放，疏狂。

②浓睡不消残酒：虽然睡了一夜，仍有余醉未消。浓睡，酣睡。残酒，尚未消散的醉意。

③卷帘人：指正在卷帘的侍女。

④绿肥红瘦：形容绿叶繁茂，红花凋零。

文意探究

1. 请你读读故事，读读词，在故事中画出能帮助你理解这首词意思的句子。

2. 借助上面的注释，进一步理解这首词的意思，完成下面的练习。

(1)词中述说“海棠依旧”的是____________(谁)。

(2)对词中“绿肥红瘦”的理解正确的一项是(　　)

A. 叶茂花残　　　　B. 红花绿叶相映衬

C. 红花绿叶很艳丽　　　　D. 红花绿叶很茂盛

情感体悟

1. 下面对整首词表达的情感理解不恰当的一项是(　　)

A. 表达了词人怜花惜花的心情。

B. 表现了词人对春天、对大自然的热爱之情。

C. 表达了词人对卷帘人不能理解自己内心的委屈与埋怨。

D. 表达了词人对时光流逝的感叹与内心的苦闷。

2. 第二天醒来，李清照明明可以自己去看海棠怎样，为何要“试问卷帘人”？她明明料到海棠“绿肥红瘦”，为何还要“试问”？从中你又感受到李清照怎样的情感？

____

____

名句赏析

小雅助学

李清照这首《如梦令·昨夜雨疏风骤》是“天下称之”的不朽名篇。这首小令，有人物，有场景，还有对白，充分显示了宋词的语言表现力和词人的才华。小词借宿酒醒后询问花事的描写，曲折委婉地表达了词人的惜花伤春之情，语言清新，词意隽永。

“知否，知否？应是绿肥红瘦。”这句对白写出了诗画所不能道，写出了伤春惜春的闺中人复杂的神情口吻，可谓“传神之笔”。“应是”，表明词人对窗外景象的推测与判断，口吻极当。因为她毕竟尚未目睹，所以说话时要留有余地。同时，这一词语中也暗含着“必然是”和“不得不是”之意。海棠虽好，风雨无情，它是不可能长开不谢的。一语之中，含有不尽的无可奈何的惜花情在，可谓语浅意深。而这一层惜花的殷殷情意，自然是“卷帘人”所不能体察也无须更多理会的，她毕竟不能像她的女主人那样感情细腻，那样对自然和人生有着更深的感悟。这也许是她作出上面的回答的原因。

末了的“绿肥红瘦”一语，更是全词的精绝之笔，历来为世人所称道。“绿”代替叶，“红”代替花，是两种颜色的对比；“肥”形容雨后的叶子因水分充足而茂盛肥大，“瘦”形容雨后的花朵因不堪雨打而凋谢稀少，是两种状态的对比。本来平平常常的四个字，经词人的搭配组合，竟显得如此色彩鲜明、形象生动，这实在是语言运用上的一种创造。由这四个字生发联想，那“红瘦”正是表明春天的渐渐消逝，而“绿肥”正是象征着绿叶成荫的盛夏即将来临。这种极富概括性的语言，实在令人叹为观止。胡仔《苕溪渔隐丛话》称：“此语甚新。”《草堂诗余别录》评：“结句尤为委曲精工，含蓄无穷之意焉。”皆非虚誉。

走近李清照

1. 这首小令，有人物，有场景，还有对白，充分显示了宋词的语言表现力。请试将其改写成一个微型剧本。

时间：________________

场景：屋外天亮放晴，屋内李清照宿酒未消。

人物：________________

对话：________________

____

____

2. “绿肥红瘦”运用强烈的对比，表达效果堪称精绝。其实这首词中，不乏这样运用对比手法的词，你能找一找，品一品吗？

____

____

拓展延伸

比较李清照前后两首《如梦令》，词中都提到了酒，一次“沉醉不知归路”，一次“浓睡不消残酒”，从中你觉得李清照是个怎样的人？你还能发现它们情感表达上的异同吗？

____

____

第三节　闺阁幽思，独理瑶琴

宋哲宗元符三年（1100），十七岁的李清照在京城已小有名气，也到了女大当嫁的年龄。此时的她，正待字闺中，和大多数女孩子一样有着自己的少女情怀。身居闺阁的她，时常感时伤怀，萌生绵密愁绪，无聊之时，便缓缓提笔，将万千心事谱写成词。

那是一个暮春时节的黄昏，李清照独自一人待在院中，窗外春色已深，可楼上的小窗却一直闲掩着，层层厚重的门帘也没有卷起，屋内光线十分昏暗。她靠着栏杆，不知怎的，心里就莫名地生出一种淡淡的惆怅与伤感。此刻，她的身边没有能和她聊天的人，十分寂寞，自己也无心欣赏这春色，只好心不在焉地拨弄着琴弦，来打发这无聊的时光。

弹着弹着，李清照的内心愈发苦闷，不由得停下来，走至楼前，遥望远处，只见地面上的水汽已经遇冷化成天上的云雾，它们的出现仿佛加速了夜晚的来临。天色愈加暗沉，暮霭逐渐变重，眼前细雨也在微风的吹拂下轻轻洒落，拨弄着暗淡的轻云，不知道什么时候才能停下。这时，她的目光突然定格在了院子里那株即将凋谢的梨花上，看着它们在风雨之中微微发着颤，不由暗自担心：它们恐怕连这斜风细雨都难以承受吧！若是被吹得摇曳飞落，无法再为这小院增添一丝春色，该是多么可惜呀。

想到这里，李清照不禁更加伤感、忧愁，感叹春色易逝。于是，她提笔铺纸，写下了这首《浣溪沙·小院闲窗春色深》：

小院闲窗①春色深，重帘未卷影沉沉②。倚楼无语理③瑶琴④。

远岫⑤出云催薄暮，细风吹雨弄轻阴⑥。梨花欲谢恐难禁⑦。

①闲窗：装有护栏的雕花窗子。

②影沉沉：室内光线暗淡。

③理：拨弄。

④瑶琴：琴的美称，泛指古琴。

⑤远岫(xiù)：远山。岫，山峰。

⑥轻阴：暗淡的轻云。

⑦难禁：难以阻止。

文意探究

1. 读读故事，再读读词，在故事中画出能帮你理解词意的句子。

2. 借助上面的注释，进一步理解句子的意思，完成下面的练习。

(1)这首词以景物描写为主，描绘的是________时节________________时刻的景象。

(2)词的下阕写到的景物有____________、____________、____________、____________、____________、____________等。

情感体悟

1. 读这首词，你认为词人当时的心情应当是(　　)

A. 轻松愉快　B. 孤寂伤感　C. 热情饱满　D. 悲痛绝望

2. 这首词，不仅是李清照于闺阁之内写下的闺情词，还是一首惜春词。其中“____________________”一句，最能体现她感叹春色易逝的伤春、惜春之情。

名句赏析

小雅助学

这是一首闺情词，也是一首惜春词。李清照写它，意在抒发闺怨，表达春色将逝、伤春惜时的凄婉之情。

可细读全词，我们会发现，通篇都是对景物的描写，很少有抒情内容。词人惆怅的感情，无聊的意绪，多是通过景物描写来层层展现的。这是一种以景写情、情景交融的写作手法。

如下阕“远岫出云催薄暮，细风吹雨弄轻阴”一句，词人由远及近，不动声色地描写了自己所看到的景象，并用气象环境的变化，来展现自己内心情感的变化。一个“催”字，赋予了云雾拟人化的特点，仿佛是它们的出现，加速了夜晚的来临，也深化了词人内心的孤寂与伤感；“弄”字则生动体现了风雨的灵动，也渲染了词人淡淡的愁绪。最后一句“梨花欲谢恐难禁”，道出词人愁思的缘由，也将其对梨花的担心和自己内心的伤春、惜春之情充分地表达了出来。

1. 反复吟诵这首词，想象词中画面，体会词人内心的情感，感受情景交融的写作手法。

2. 对于这首词中句子的理解，下列说法错误的是（　　）

A. “重帘未卷影沉沉”，描写的是室内环境，夕阳西下，落日余晖照射进来，将投影拉得很长很长，渲染了一种黄昏时温馨的氛围。

B. “细风吹雨弄轻阴”，描写的是屋外的情景，夜幕降临时刻，细雨在微风的吹拂下轻轻洒落，词人内心也仿佛被阴雨笼罩，十分忧愁。

C. “梨花欲谢恐难禁”，描写的是院中梨花的状态，表达了词人对梨花的担心，生怕它难以承受风吹雨打，十分惋惜。

拓展延伸

闺情文学在我国古典文学发展史上源远流长，自晚唐五代时期始，一直到北宋，先后涌现出许多擅写闺情词的作者。而李清照的这首词，当年也曾一度被误以为是欧阳修、周邦彦的作品。

的确，他们在写作内容、语言风格上有不少相似之处，然细细品味，还是能发现其中的明显差异。从写作角度和塑造形象上来说，欧阳修、周邦彦都是以男子的视角来模拟女性写闺词，塑造的多是他们所理解的下层歌妓、深闺思妇的形象；李清照则是出于个人抒情感怀的需要而写，写的多是自己作为贵族少女和上层闺妇时的生活情状。因此，在情感表达上，欧词、周词多倾向于浓重哀伤的别怨离愁；而李清照的这首词，体现的是一种少女轻愁之绪和伤春惜时之情。

请你上“古诗文网”查一查，摘录一首欧阳修或周邦彦的闺情词代表作，认真读一读，体会其与李清照这首词的异同之处。

第四节　情窦初开，倚门回首

十八岁那一年，李清照在她情窦初开之时，遇见了令她怦然心动的人。从此，一段才子佳人的美好爱情故事徐徐展开，惊艳了无数人的时光。而这一切，都要从宋徽宗建中靖国元年(1101)的上元节，两人在大相国寺的初遇说起。

上元节也就是现在的元宵节，是宋朝最盛大、最热闹的节日。当时，李清照正在大相国寺内观灯，恰巧碰见自己的堂兄李迥。和李迥一同前来的，还有一人，那就是金石学家、李清照后来的丈夫——赵明诚。于灯火掩映之中，三人打了个招呼，便匆匆告别了。却不承想，这一见，竟让李清照与赵明诚二人深深记住了对方。他们一见钟情，分别后，仍十分思念彼此，期待着能够再次相见。

终于，赵明诚忍不住了，他去找自己的好兄弟李迥帮忙，请他带自己去拜访李清照的父亲，顺便想碰碰运气，希望能够见到那个令他朝思暮想的人。李迥也十分热心，立马做出了安排。在一个清晨，他带着赵明诚来到了李府。

只是时间不巧，那会儿李清照刚在后花园里荡完秋千，有点儿疲倦，正慵懒地倚在秋千架上休息，甚至懒得揉揉自己有点发麻的手。她的身上也出了汗，从轻纱般的衣衫中渗透出来，就像露珠挂在花蕾上一般。

突然，门外传来一阵声响，似是有客人要闯入花园，惊得她急忙回避，连鞋都顾不上穿，只穿着袜子抽身就走，慌乱之中，头上的金钗也跟着滑落下来，好不狼狈。可待她站定后再细细一看，却惊讶地发现：这位“不速之客”，不就是她日夜思念的赵明诚吗？

想到这里，她又舍不得跑开了，只能害羞地小跑至门前，倚靠着门边假装在嗅青梅，实则是在回头偷看自己的心上人呢！

到了晚上，李清照仍在回想白天的这幕情景，不觉又红了双颊。于是，她坐于案前，写下了这首《点绛唇·蹴罢秋千》：

蹴[①]罢秋千，起来慵[②]整纤纤手。露浓花瘦，薄汗轻衣透。

见客入来，袜刬[③]金钗溜[④]。和[⑤]羞走，倚门回首，却把青梅嗅。

①蹴（cù）：踏，此处指荡秋千。

②慵（yōng）：懒，倦怠的样子。

③袜刬（chǎn）：这里指跑掉鞋子以袜着地。

④溜：滑下。

⑤和：带着。

文意探究

1. 读读故事，再读读词，在故事中画出能帮你理解词意的句子。

2. 借助上面的注释，进一步理解句子的意思，完成下面的练习。

（1）词的上阕向我们交代了事情发生的时间是________，地点是________，从“______________”这一句中能看出来。

（2）“见客入来”中的“客”指的是谁？（　　）（多选）

A. 闯入后花园的小偷　　B. 前来赏花之人

C. 上门拜访的客人　　D. 女主人公的心上人

情感体悟

1. 这首词，仅寥寥四十一字，却描写生动，将女主人公内心的情感变化表现得淋漓尽致。请你试着给下面的句子，选择正确的表情包。

（1）起来慵整纤纤手（　　）

（2）袜刬金钗溜（　　）

(3)和羞走(　　)

(4)倚门回首，却把青梅嗅(　　)

A.

B.

C.

D.

2.结合故事和词的内容，说说女主人公为什么要“倚门回首，却把青梅嗅”？

____

____

名句赏析

小雅助学

这首词是李清照早期词作的名篇，十分生动地刻画出了女主人公那种娇羞与率真、矜持与洒脱的少女形象，令人读罢回思良久。

词的上阕，看似是在写静态画面，展现少女的慵懒和婉约，实则静中见动，很自然地就能让读者想象到不久前，女主人公荡秋千时那自在、尽兴的画面，勾画出一个充满活力、自由快乐的闺中少女的形象。

下阕，最妙的当属“和羞走，倚门回首，却把青梅嗅”这一名句了。前文分明还在写女主人公急急忙忙躲避客人，连鞋都顾不得穿，怎么还会倚门回首，去嗅青梅呢？不言而喻，她停步并不是为了闻一闻青梅的味道，而是借闻青梅之举，偷偷瞥一眼自己的心上人啊。在这里，女主人公矜持、害羞，却又思念心上人的形象得到了充分的刻画。而那酸酸甜甜的青梅，不也正是她那颗青涩、酸甜的悸动之心的象征吗？

1. 反复吟诵这首词，感受女主人公的人物形象及其内心情感变化。

2. 这首词描写生动，对于人物形象的刻画十分到位，令人赞叹。唐代诗人韩偓曾在他的诗作《偶见》中也描写过类似的女子形象，其中“见客入来和笑走，手搓梅子映中门”这两句，不禁让我们联想到了本词中的名句“＿＿＿＿＿＿，＿＿＿＿＿＿＿，＿＿＿＿＿＿＿＿”，二者的表达手法十分相似。

拓展延伸

少女时期，是李清照一生中为数不多的幸福时光。这个时期的她，自在、洒脱、无忧无虑。这也反映到她的早期词作中，虽偶有闲愁点缀，但也难掩其明丽欢快、清新自然的词风，与后期凄婉沉郁的风格大不相同，读之令人眼前一亮。

请你上“古诗文网”搜索李清照这一时期的词，选一首摘录下来，认真读一读，体会她当时的情感。

＿＿＿＿＿＿＿＿＿＿＿＿＿＿＿＿＿＿＿＿＿＿＿＿＿＿

＿＿＿＿＿＿＿＿＿＿＿＿＿＿＿＿＿＿＿＿＿＿＿＿＿＿

＿＿＿＿＿＿＿＿＿＿＿＿＿＿＿＿＿＿＿＿＿＿＿＿＿＿

＿＿＿＿＿＿＿＿＿＿＿＿＿＿＿＿＿＿＿＿＿＿＿＿＿＿

第二章　闲居时光

小雅说

嫁作人妇后，李清照与丈夫志趣相投，幸福美满。偶尔赵明诚外出远游，李清照便会以词表达思念之情。

宋徽宗大观元年(1107)，李清照的公公被革去尚书右仆射之职，不久就病逝了，丈夫赵明诚也在此之后遭陷害而被罢免官职。这一年秋天，她随丈夫回到了山东青州。

青州的山山水水成了他们唱和诗词、潜心金石的桃花源。李清照为青州的居所取名"归来堂"，为自己取号"易安居士"，以表明淡泊名利、不求闻达的志趣。

闲居青州，赵明诚远离了官场的尔虞我诈、世间的纷扰喧嚣，致力于金石、碑刻、书画文物的收集整理工作，立志编撰《金石录》一书。李清照也参与勘校、抄录、装订、编目。

为了购置文物，李清照在生活上格外节俭，"食去重肉，衣去重采"。生活清苦，但精神是富足的。他们收集的文物，上至夏商周，下至隋唐五代乃至当朝；从青铜钟彝之器到书籍字画，从中原文物到域外珍宝，无所不有。家中案头、茶几、床头、枕边，到处都是书、字画、碑帖。"归来堂"也成了极具价值的私人藏书楼，在历史上具有重要地位，给予后人以诸多启示。

屏居青州的生活中，夫妻两人琴瑟和鸣。赵明诚为了写作《金石录》，常常出远门亲访广集碑文资料，而此时独留青州的李清照难免对丈夫思念不已，写下了许多诉说别情离绪的名篇。

正当夫妻两人在青州乐以忘忧，以为将过上安定生活之时，朝廷一纸调令打破了他们平静的生活。宋徽宗宣和三年(1121)，赵明诚被起复，前往莱州任太守，清照亦随之赴莱州。

第一节　盼复锦书，相思与寄

崇宁二年(1103)，赵明诚外出寻访碑刻，嫁进夫家仅两年的李清照面对这短暂的离别仍难抑思念之情。

转眼已是初秋，原本茂盛的一池荷花都已开败，看着枯败的荷叶，她不禁想起丈夫临别时的叮嘱："娘子定要万千珍重，记得常写信寄来。"一别多时，秋意渐凉，远方的那个他过得还好吗？轻轻地提着丝裙，独自一人登上泊在湖畔的小舟，她仿佛回到少女时代，也想泛轻舟以排遣心中的愁苦。可是，仰头凝望着天，月光映亮了天上的云彩，带着轻愁洒在她身上，使她不禁担忧起千里之外的丈夫。为什么，大雁都飞来了，你还没有寄信回来呢？清照无数次地问。

城楼下，一阵风吹过，流水载着凋零的莲瓣，潺潺而去。她看着荡漾的湖水，忍不住轻声低叹。"秋"上心头，怎一个愁字了得！带着一腔愁绪，她解开罗裙，换了衣裳登上小船。她静静坐在船头，紧锁的眉头尽管渐渐舒展，但萦绕在心头的相思却始终徘徊不去。现如今，只能与明诚相隔千里，日日夜夜，以字为舟，渡相思之河，但愿见字如面。越是思念，泪流得也越汹涌了。不知何时飘起的小雨，打在残荷上，在这静谧的湖上听得清清楚楚。这一腔相思与爱意，好似连绵的钟声，一声一声敲在了她的心上。

谁能读懂这相思之苦，谁又能读懂这孤独的心？一曲清婉忧伤的《一剪梅·红藕香残玉簟秋》唱出了她心中的无限惆怅：

红藕香残玉簟①秋。轻解罗裳②，独上兰舟。云中谁寄锦书③来？雁字④回时，月满西楼。

花自飘零⑤水自流。一种相思，两处闲愁⑥。此情无计⑦可消除，才下眉头，却上心头。

①玉簟(diàn)：光滑如玉的竹席。

②罗裳：丝绸制的裙子。

③锦书：书信的美称。

④雁字：雁群飞行时，常排列成“人”字形或“一”字形，因称“雁字”。相传雁能传书。

⑤飘零：凋谢，凋零。

⑥闲愁：无端无谓的忧愁。

⑦无计：没有办法。

文意探究

1. 读读故事，再读读这首词，在故事中画出能帮你理解词意的句子。

2. 借助上面的注释，进一步理解词意，完成下面的练习。

(1)该词描写的是________(时节)的景物。

(2)词中“______________，______________”描写了词人轻轻解开绫罗裙，换上便装，小心登舟的情态。

情感体悟

1. 读整首词时，应该用(　　　)的语气。

A. 冷淡平静　　　　B. 欢快愉悦

C. 凄凉悲切　　　　D. 激情高昂

2. 词人在写自己相思之苦的同时，由己及彼，深知这种相思和闲愁不是单方面的，夫婿也应在思念自己。体现两人心心相印的句子是____________________，__________________。

名句赏析

小雅助学

《一剪梅·红藕香残玉簟秋》是一首倾诉相思、别愁之苦的词。李清照在词中以女性特有的敏感捕捉稍纵即逝的真切感受，将抽象而不易捉摸的思想感情，以素淡的语言表现为具体可感、为人理解、耐人寻味的东西。

“此情无计可消除，才下眉头，却上心头”是历来为人所称道的名句。这种相思之情笼罩心头，无法排遣，蹙着的愁眉才稍有舒展，而思绪又涌上心头，其内心的绵绵愁苦挥之不去，遣之不走。这三句从范仲淹《御街行·秋日怀旧》“都来此事，眉间心上，无计相回避”中变化而来。而李清照别出巧思，以“才下眉头，却上心头”这样两句来代替“眉间心上，无计相回避”的平铺直叙，给人以耳目一新之感。“才下”“却上”两个词用得很好，把真挚的感情由外露转为内敛，把相思之苦表现得极其真实形象，表达了绵绵无尽的相思与愁情。“眉头”与“心头”相对应，“才下”与“却上”成起伏，语句结构工整，表现手法巧妙，词人独守空房的孤独与寂寞充满字里行间，感人至深。这和李煜“剪不断，理还乱，是离愁，别是一般滋味在心头”有异曲同工之妙，难怪会成为千古绝唱。

1. 反复吟诵，边读边想象移情入景的画面，体会李清照的相思之苦，闲愁之深。

2. 下列对这首宋词的赏析，不恰当的一项是（　　）

A. “此情”三句的意思是说，这种相思之情，如同“花自飘零水自流”一样，是没有办法可以消除的。

B. 上片写词人思念其丈夫赵明诚，下片写离愁无法排遣。

C. “花自飘零水自流”是把岁月比作流水，表达词人不见丈夫归来，内心极度悲伤的情感。

D. “才下眉头，却上心头”这一处把愁说成一种能运动的有形之物，由外到内，此消彼长，表现出词人内心难消的愁绪。

拓展延伸

1. 宋词中极美的两首《一剪梅》，一首是李清照的《一剪梅·红藕香残玉簟秋》，另一首则是蒋捷所作。请你参考“古诗文网”的注释，读读下面这首词，说说它们在情感表达上的不同吧。

一剪梅·舟过吴江

［宋］蒋捷

一片春愁待酒浇。江上舟摇，楼上帘招。秋娘渡与泰娘桥，风又飘飘，雨又萧萧。

何日归家洗客袍？银字笙调，心字香烧。流光容易把人抛，红了樱桃，绿了芭蕉。

第二节　佳节浓愁，黄花比瘦

转眼是大观二年（1108）的重阳佳节，这天，薄雾弥漫，云层浓密，李清照一人独守空房，与丈夫分隔两地。

金兽香炉中的龙脑香，袅袅轻烟腾空而起。就这样，她出神地看着，不免又思念起了远在他乡的丈夫。天气转凉，半夜，丝丝凉意透过蚊帐轻拂李清照纤细的身体，这打着旋儿的清凉的风啊，为什么吹不走她心中深深的阴霾？想起新婚夜晚的温馨与甜蜜，她不禁潸然泪下。

登高归来，本应与亲友团聚，可现如今，却只有易安一人。在屋里闷坐了一天的她，直到傍晚，才强打精神“东篱把酒”起来。重阳的菊花开得异常娇艳，在庭院里小憩的她一边饮酒，一边赏菊。风撩起了她的衣角，淡淡的黄菊清香飘满双袖，易安身上顿时菊香遍布，成了个“菊美人”。菊瓣纤长，菊枝细瘦，它们绽放得如此妖娆，如此撩人，反观自己，她怎么也抚不平心中的忧愁。眼前的酒再甜，花再美，也无法让她和远在千里之外的明诚团聚。情不自禁的想念涌上心头，或许是她思念太深，和菊花一样日渐消瘦，透着满身的寂寞和忧伤。

此时天色不佳，瑟瑟西风夹带着满满的悲伤，卷过珠帘将其轻轻掀起，连那珠帘也透着几分苍凉。清照披上外套，走进书房，写下《醉花阴·薄雾浓云愁永昼》以表达对丈夫深深的思念之情——

薄雾浓云愁永昼①，瑞脑②消金兽③。佳节又重阳，玉枕纱厨④，半夜凉初透。

东篱⑤把酒黄昏后，有暗香盈袖⑥。莫道不消魂⑦，帘卷西风，人比黄花[8]瘦。

①愁永昼：愁难排遣而觉得白天太长。永昼，漫长的白天。

②瑞脑：一种香料。

③消金兽：香炉里香料逐渐燃尽。金兽，兽形的铜香炉。

④纱厨：防蚊蝇的纱帐。

⑤东篱：泛指采菊之地。

⑥暗香盈袖：淡淡的菊香溢满双袖。暗香，指菊花的幽香。盈袖，满袖。

⑦消魂：形容极度忧愁、悲伤。

⑧黄花：指菊花。

文意探究

1. 读读故事，再读读这首词，在故事中画出能帮你理解词意的句子。

2. 下列古诗所表达的节日和《醉花阴》相同的是（　　）

A. 清明时节雨纷纷，路上行人欲断魂。

B. 独在异乡为异客，每逢佳节倍思亲。

C. 千门万户曈曈日，总把新桃换旧符。

D. 春城无处不飞花，寒食东风御柳斜。

3. 词中写时间漫长，用环境烘托出百无聊赖之愁的句子是："＿＿＿＿＿＿＿＿，＿＿＿＿＿＿＿＿。"

情感体悟

1. 看似飘逸洒脱，把酒赏菊，实则愁绪顿生，（　　）是典型的以乐景写哀情。

A. 薄雾浓云愁永昼，瑞脑消金兽。

B. 莫道不消魂，帘卷西风，人比黄花瘦。

C. 东篱把酒黄昏后，有暗香盈袖。

D. 佳节又重阳，玉枕纱厨，半夜凉初透。

2. "＿＿＿＿＿＿＿，＿＿＿＿＿＿＿，＿＿＿＿＿＿＿。"这三句

写词人辗转反侧，无法入眠，以佳节衬离愁，意境萧疏，表达含蓄。

名句赏析

小雅助学

《醉花阴·薄雾浓云愁永昼》是李清照在重阳佳节思念丈夫时所写。

这首词的一大特点便是“物皆著我之色彩”，词人眼中的景物都带有她自己的主观色彩。从天气到瑞脑金兽、玉枕纱厨、帘外菊花，词人用她愁苦的心情来看这一切，使这一切无不涂上一层愁苦的感情色彩。从字面上看，这首《醉花阴》没有写离别之苦、相思之情，但仔细寻味，它的每个字都浸透在其中。

其中“莫道不消魂，帘卷西风，人比黄花瘦”是全篇最精彩之笔。晚来风急，词人联想到刚才把酒相对的菊花，菊瓣纤长，菊枝细瘦，而菊斗风傲霜，顿生人不如菊之感。“莫道不消魂”，直承“东篱把酒”，以人拟黄花的比喻，与全词的整体形象相结合。“帘卷西风”一句，更是直接为“人比黄花瘦”一句营造出重阳佳节本应欢聚却凄清的环境氛围。有了时令与环境气氛的烘托，“人比黄花瘦”才有了更深厚的寄托，将用来形容人的“瘦”与菊花连用，以花之瘦向我们展示了思念之深之苦。词人对比人、花，花人相映，人如花，花如人，营造了婉丽优美的艺术情境，此句也成为千古传诵的佳句。

1. 反复吟诵，边读边思考，词中以生动的形象来表达相思之苦，并将“为伊消得人憔悴”的含义蕴含其中的词句是：“__________，__________，__________。”

2. 古人常用花比喻人之美貌，如“芙蓉如面柳如眉”“人面桃花相映红”等，而李清照却说“人比黄花瘦”，这样的比喻有什么丰富的内涵？

____

____

拓展延伸

1. 李清照是千古第一才女，是宋代婉约派代表词人，但是你可知道？她还有个雅号叫“李三瘦”。

原来她作词喜欢以“瘦”字入词，她有三首词中的千古名句都含有“瘦”字，她的雅号也因此而来。让我们借助“古诗文网”，一起找一找吧！

①____

②____

③____

第三节　思君不已，望断归路

正值春末，青州下起了淅淅沥沥的小雨，滴滴点点打湿了屋檐，沾湿了小草。雨后的地面湿漉漉的，院子里的娇花也被雨打得东倒西歪，花瓣散落了一地。院子的女主人李清照，正靠着窗栏痴痴地望着这一切，满目悲伤。

这位大名鼎鼎的女词人此时看起来是那么脆弱。原来是她的丈夫赵明诚又在外远游，独留易安一个人在青州。赵明诚远游不外乎两个理由，一是为起复奔波，二是寻访金石碑刻。这对李清照而言，又是喜又是忧。喜的是，丈夫尽管屏居故里，仍不懈其志，她十分理解丈夫想替朝廷分忧之心，也欣赏丈夫在金石学上一丝不苟的态度。忧的则是难解的相思之情。自成婚以来二人感情和谐，都以收集金石字画为兴趣，他们把全部的精力都投放在金石、字画上，共同的爱好让他们亲密无间。可以说他们不仅是夫妻，更是世间少有的知音。这使得短暂的分离都让人产生无尽的愁绪……

想到这，李清照不由叹了口气。丈夫远行前，每得一本奇书，他们便共同赏读，整理题签；每得一件书画器物，他们便一起仔细把玩，互相给予评价，多么快活啊！而如今却只剩自己独坐在这冷清的院子中，整日倚靠着栏杆，木然地望向丈夫所在的方向，自己的满腔思念也只能寄托在一首首诗词中，《点绛唇·闺思》由此诞生：

寂寞深闺，柔肠一寸愁千缕。惜春春去，几点催花雨①。

倚遍阑干②，只是无情绪。人何处，连天芳草，望断归来路。

①催花雨：春雨。

②阑干：栏杆。

文意探究

1. 先读读故事，再读读这首词，在故事中画出能帮助你理解词意的句子。

2. 借助上面的注释，进一步理解词句的意思，完成下面的练习。

(1)“人何处”中的“人”指的是__________。

(2)从下阕中的“__________________”(填句子)，可看出李清照肝肠寸断的守候。

情感体悟

1. 在这首词中，你品读到了李清照的哪些情感？(　　)(多选)

A. 哀伤忧愁　　B. 凄婉悲楚

C. 悲怆豪迈　　D. 自怨自艾

2. 班里的同学们读完这首词，进行了一次交流会，看看同学们的赏析对吗？对的画“√”，错的画“×”。

(1)从“几点催花雨”中我读出了李清照的惜春之情，也暗示惜青春、惜容颜。(　　)

(2)“无情绪”指的是提不起兴致，而不是面无表情。(　　)

(3)这首词的上阕直接点明了李清照对丈夫的思念之情，开门见山。(　　)

名句赏析

小雅助学

这是一首借伤春写离恨的闺怨词，全词紧扣一个“愁”字展开。全词由写寂寞之愁，到写伤春之愁，再写伤别之愁，更写盼归之愁，这样全面地、层层递进地表现了女子心中愁情不断累积的情状。

一个“雨”字，把上下两阕联结在一起：远处是无际荒草，近处是雨催花落；闺房内是愁肠寸断，闺房外是满目凄凉。多么凄美的意境！结尾处，遥问“人何处”，点明了凭栏远望的目的，同时也暗示了“柔肠一寸愁千缕”“只是无情绪”的根本原因。这里，词人巧妙地安排了一个有问无答的布局，让读者的目光追随着女子的视线去描绘那望不到尽头的萋萋芳草，一直延伸到遥远的天边，却始终寻不见良人的身影。词人在这里把青年女子的“愁”已然写尽、写透，可谓淋漓尽致！所以明代陆云龙在《词菁》中称道此首词是“泪尽个中”，清代陈廷焯《云韶集》也盛赞此作“情词并胜，神韵悠然”。

1. 这首词中的数字暗藏玄机，用词讲究，________对________，表达了词人深闺的哀愁。

2. 下阕的“倚遍阑干”能改为“倚靠阑干”吗？说说理由。

____

____

拓展延伸

1. 在不同诗人眼中，“愁”是不同的：崔颢眼中的“愁”是对家乡的思念；李煜眼中的“愁”是对故国的怀念；秦观眼中的“愁”是对年华逝去的感慨……请把下列和“愁”有关的诗句填写完整。

①________________，烟波江上使人愁。（崔颢）

②问君能有几多愁？________________。（李煜）

③自在飞花轻似梦，________________。（秦观）

④________________，________________。（　　）

第四节 武陵人远，再添新愁

清晨时分，阳光透过窗棂，斜斜地射进屋子里。睡梦中的李清照睁开了惺忪的双眼，缓缓醒来。过了一夜，雕刻着威武狻猊(suān ní)的铜炉里，她最爱的熏香早已经凉透，只余一缕淡淡的冷香萦绕鼻尖。“呵，这短暂的美好啊！”看着那一炉香灰，李清照不禁感慨着这易逝的芬芳。接着她便离开了床榻，眼见那红色的锦被凌乱地堆在床头，她也无心去收拾。

一旁，丫鬟端来了梳妆匣：“夫人，我来为您梳妆吧。”“梳妆？再华丽的头饰又有谁欣赏呢？”李清照喃喃道，推开了丫鬟手中的妆匣。看着失落的女主人，丫鬟不由叹了口气，老爷远行后，夫人便郁郁寡欢。数不清是多少日了，就算太阳越升越高，阳光铺满了整个屋子，夫人也只是木然枯坐着，任梳妆镜蒙上一层厚厚的灰尘。

“夫人，咱们不梳妆也罢，但饭总得按时吃啊。”丫鬟劝慰着。眼瞧着夫人一日比一日憔悴，这两天更是瘦得脱了相，好似一阵大风都能把她吹跑，丫鬟实在于心不忍。“你也觉得我憔悴了？”李清照摸着瘦削的脸庞，“明诚看到我如今这个样子，定是不喜了。”一抹哀愁又爬上了这位少妇的脸颊。

“当时我那样挽留他，他却坚持说致力于金石碑刻需‘勤且久’，执意出门亲自寻访……”清照不知是说给丫鬟听，又或是说给自己听的，“那一路上百余公里，要跋山涉水，多么辛苦，我多担心他啊！”言谈间，清照的思绪又回到了丈夫离去的那天。他意气风发地登上轻舟，门口的这条河见证了他们的离别。从那天起，清照便整日地凝视着这淙淙的流水。“何年何月何日，我的丈夫再坐着船从这里回来呢？”一滴清泪顺着她的脸庞滑下，她诵出了这首《凤凰台上忆吹箫[①]》：

香冷金猊[②]，被翻红浪，起来慵自梳头。任宝奁[③]尘满，日上帘钩。生怕离怀别苦，多少事、欲说还休。新来瘦，非干[④]病酒，不是悲秋。

休休！这回去也，千万遍阳关[⑤]，也则[⑥]难留。念武陵人远[⑦]，烟锁秦楼[⑧]。惟有楼前流水，应念我、终日凝眸。凝眸处，从今又添，一段新愁。

①凤凰台上忆吹箫：词牌名。

②金猊：狮形铜香炉。

③宝奁(lián)：华丽的镜匣。

④干：关涉。

⑤阳关：指《阳关三叠》，为唐宋时的送别之曲。此处泛指离歌。

⑥也则：也是。

⑦武陵人：在宋词、元曲中有两个含义，分别源自陶渊明《桃花源记》中的渔夫故事及《幽明录》中刘、阮的故事。此处借指赵明诚。

⑧秦楼：指凤凰台，相传春秋时秦穆公之女弄玉与其夫萧史乘凤飞升之前的住所。这里指词人自己的居处。

文意探究

1. 在这首词中，你读到了一个怎样的李清照？（　　）（多选）

A. 哀婉忧愁　　B. 虚度光阴

C. 无欲无求　　D. 相思成疾

E. 自由散漫

2. 下阕中的“武陵人”指的是________，词中“____________________”写出了李清照旧愁未解，新愁又添的哀伤之情。

情感体悟

1. 关于这首词，以下说法错误的是（　　）

A. “新来瘦”中的“瘦”指的是瘦削、憔悴。

B.“宝奁尘满”说明李清照无心装扮。

C.“日上帘钩”体现了丈夫走后，李清照的百无聊赖。

D.“一段新愁”指的是李清照因为容颜不在而悲伤。

2. 从这首词中可以得知李清照“新来瘦”的原因是（　　）

A. 悲春伤秋　　　　B. 生了场病

C. 思念夫君　　　　D. 饮酒过度

名句赏析

小雅助学

这首词是李清照抒写离愁的名篇之一，通篇只写一个愁字，却婉转曲折，余韵隽永，显示了婉约派特色。整首词有多处化用了前人的诗句，引用了典故，理解全词需要丰富的文学积累。

“新来瘦，非干病酒，不是悲秋。”她先从人生的广义概括致瘦的原因：有人是因“日日花前常病酒”（冯延巳《鹊踏枝》），有人是因“万里悲秋常作客”（杜甫《登高》），而自己却是因为伤离惜别这种不足与旁人道的缘由。

“休休！这回去也，千万遍阳关，也则难留。”阳关，即《阳关三叠》。离歌唱了千千遍，终是难留，惜别之情，跃然纸上。

“念武陵人远，烟锁秦楼”把双方别后相思的感情作了极其精确的概括。武陵人，用典故借指心爱之人。秦楼，即词牌名中的“凤凰台”。相传春秋时有个萧史，擅长吹箫，能吹出凤凰鸣叫的声音，秦穆公把女儿弄玉嫁给他，搭建了凤凰台让他们居住。有一天，这个萧史吹箫，把凤凰都招引过来了，于是夫妇两人一同乘凤离开了人间。李清照化用此典，既写她对丈夫赵明诚的思念，也喻赵明诚对其妆楼的凝望，丰富而又深刻。同时这个典故还照应题意。

1. 在这首词中，词人用了哪些写作手法？（　　）（多选）

A. 比喻　　B. 拟人　　C. 用典　　D. 夸张

2.为什么李清照要引用这些典故？结合你对词句的理解，试着谈一谈自己的见解。

____

____

拓展延伸

1.“用典”是诗歌中常见的一种写作手法，请你写出以下几首诗词中引用典故的主人公。

（1）闲来垂钓碧溪上，忽复乘舟梦日边。（　　）

（2）为报倾城随太守，亲射虎，看孙郎。（　　）

（3）东风不与周郎便，铜雀春深锁二乔。（　　）

第三章　国破流离

小雅说

“人有悲欢离合，月有阴晴圆缺。”“千古第一才女”的命运随着时事的变迁跌宕(dàng)起伏，南渡、夫亡、婚变是她人生的三大劫难。

宋钦宗靖康二年(1127)，金兵南下，攻破汴京，徽、钦二帝被俘，北宋灭亡，高宗南逃，史称“靖康之变”。靖康之变改变了北宋王朝的历史，也打破了李清照无忧无虑的生活。同年，赵明诚被任命为江宁知府。

建炎三年(1129)，在一次城中叛乱中，软弱的赵明诚竟临阵逃跑，不久后便郁郁而终。坚强的李清照料理完丈夫的后事，携带丈夫生前视如生命的藏品奔波他乡，辗转谋生。她带着十几箱的文物，就像个移动的“提款机”，还是没有密码的那种。动荡的时局，飘摇的朝政，颠沛流离的生活，让多年的藏品散失大半，这给李清照带来了沉痛的打击。

漂泊三年，四十九岁的李清照来到杭州。江南的美景没能治愈她受伤的心。战乱频繁、丈夫亡故、藏品散失，无依无靠的她陷入茫然失措的困境中。这时，时任右承奉郎的张汝舟对李清照百般关照。李清照似乎找到了救命稻草，便嫁给了张汝舟。改嫁后她才发现张汝舟不过是觊觎(jì yú)她的藏品。当张汝舟发现李清照的藏品已所剩无几，便恶语相向，甚至拳脚相加。

李清照是才女，也是铮铮铁骨的女中豪杰。她有追求爱情的勇气，更有对不幸的人生及时“止损”的智慧。她发现张汝舟虚报考试次数而取得官职，便一纸状书告至朝堂，并坚决与他离婚。这段不足百天的婚姻也就此结束。

“物是人非事事休”，经历了国破家亡、他乡飘零后，李清照的作品更多地转为对现实的忧患，感情基调转为凄怆沉郁。

第一节　南渡江宁，忧国思乡

靖康二年(1127)，金兵攻下北宋都城，俘虏了徽宗、钦宗两位皇帝，北宋就此灭亡。金兵不但烧杀抢掠，迫害百姓，还捕获了几乎所有的皇亲国戚，把他们作为俘虏带往北方。同年，徽宗唯一没有被俘的儿子赵构在南逃途中即位，为宋高宗，南宋王朝自此建立。

北方战火绵延，李清照随同成千上万的北人开始了流亡生涯，几经辗转，终于在建炎二年(1128)到达江宁(今江苏南京)和丈夫相聚。李清照目睹了国破家亡，民不聊生，恨不得自己能如男儿一般，跃马扬鞭，奋勇杀敌。然而，她终究是一位被当时的社会政治排斥在外的女性，什么也做不了。

来到江宁的第二年初春，天气依然带着冷清，白天烟雨蒙蒙，薄薄的雾气如轻纱一般笼罩着庭院。这天，四十六岁的李清照再一次读到欧阳修的《蝶恋花》，爱不释手，尤其是首句“庭院深深深几许”触动了她的心弦。早春时节，柳梢逐渐转绿，梅花吐出花蕊，到处是欣欣向荣的景象。若是在往年，李清照已经和小姐妹们相邀四处踏青了。可如今，战火纷飞，她无家可归，只能待在建康(建炎三年五月，江宁府被改为建康府)城中。

想到这儿，李清照再也无心赏景，她把窗门紧闭，让楼阁笼罩在云雾之中。回想当年，他们围在一起吟风赏月，把酒言欢，那是多么幸福。如今人已迟暮，国破家亡，纵有满腔的热忱，也什么事情都做不成了，又有谁来怜悯她的憔悴与凄楚呢？家国情思如翻江倒海涌上心头。于是，观赏花灯也好，踏雪觅诗也罢，面对此情此景，哪里还有这份心思啊！

她的满腔忧思无处可抒，化成了这首《临江仙·庭院深深深几许》：

庭院深深深几许[①]？云窗雾阁常扃[②]。柳梢梅萼[③]渐分明。春归秣陵[④]树，人老建康城。

感月吟风[⑤]多少事，如今老去无成[⑥]。谁怜憔悴更凋零[⑦]。试灯[⑧]无意思，踏雪[⑨]没心情。

①几许：多少。

②扃（jiōng）：门环、门闩等。在此谓门窗关闭。

③萼（è）：花萼，花的底托。

④秣（mò）陵：秦改金陵为秣陵，与下文“建康城”是同一地方，即今江苏南京。

⑤感月吟风：指以风月等自然景物为题材写诗填词，形容心情悠闲自在。

⑥无成：这里指对“风月”不感兴趣，什么也写不出来。

⑦凋零：飘零，指背井离乡，流落在外。

⑧试灯：旧俗农历正月十五日元宵节晚上张灯，祈祷丰收，未到元宵节而张灯预赏谓之试灯。

⑨踏雪：在雪地行走。亦指赏雪。

文意探究

1. 读读故事，再读读这首词，在故事中画出能帮你理解词意的句子。

2. 借助上面的注释，进一步理解诗句的意思，完成下面的练习。

（1）根据意思，给下列词句标上停顿符号，并试着读一读。

① 庭 院 深 深 深 几 许 ？

② 云 窗 雾 阁 常 扃 。

③ 春 归 秣 陵 树 ，人 老 建 康 城 。

（2）春归大地，词人却幽闭阁中，她不想看到“＿＿＿＿＿＿＿＿

______”，宁愿整日呆在房间里“____________________”，连“________”“________”她都毫无兴致。

情感体悟

1. 李清照会在大雪天顶笠披蓑，出门“踏雪”，元宵节前“试灯”，这两件事，她曾经都很感兴趣，可如今，却认为“试灯无意思，踏雪没心情”。你认为，词人为什么对一切都感到心灰意冷了呢？(　　)(多选)

A. 对往昔生活的追怀眷恋

B. 对年华老去的感慨伤感

C. 对国破家亡的沉痛悲怆

D. 对骨肉分离的思念不舍

2. 词人表达的是自己悲凄的心境，却写了“柳梢梅萼渐分明”这样美丽的春景，这是一种什么写法？(　　)

A. 借景抒情　　B. 托物言志

C. 直抒胸臆　　D. 乐景写哀

名句赏析

小雅助学

此词有序言：“欧阳公作《蝶恋花》，有‘庭院深深深几许’之句，予酷爱之。用其语作‘庭院深深’数阕。其声盖即旧《临江仙》也。”因为喜爱欧阳修的《蝶恋花》，李清照借欧阳修词的首句为开头，作了几首《临江仙》，这首便是其中之一。

“庭院深深深几许”是横向的深远，“云窗雾阁常扃”是纵向的高耸，空间感十分宏阔。春归大地，词人却幽闭阁中，不愿步出门外，甚至不愿看见外面的春景，所以不仅闭门还关窗。“春归秣陵树，人老建康城”一句，对仗极为工整。南京在古代几更其名，金陵、秣陵、建业、建康、江宁等都是它。而“春归”和“人老”对在一处，直令喜悦荡然无存，悲哀则加重一层。因为青春只会逝去，不会像春天那样再度来临。

如果说上阕是词人委婉地自怜飘零，那么下阕中，词人再也无法按捺忧思，直白地抒发了自己的情感。词中除了流离迁徙、思念故乡的悲叹，还有岁月蹉跎、老去无成的感慨。种种心事下，她心灰意懒，对于赏灯踏雪都没了兴致。

1. 反复吟诵“春归秣陵树，人老建康城”，边读边体会词人的心境，感受对仗的巧妙。

2. 此词有些版本将“人老建康城”写作“人客建康城”。你认为哪个更好？说说你的理由。

____

____

拓展延伸

1. 读一读欧阳修的《蝶恋花》，上“古诗文网”查看注释。将这首词中你喜欢的词句工整地抄在下面的横线上。

____

____

____

____

第二节 途经乌江，追思英雄

李清照原以为会“人老建康城”，结果只在此地待了短短一年多。说来，这里还有个插曲。

建炎三年(1129)，赵明诚当时任江宁知府，相当于今天的南京市市长。二月，赵明诚的属下察觉有人要叛乱，向他作了汇报。此时，赵明诚已经接到移任湖州的调令，觉得事不关己，没有采取任何措施。叛乱发生当夜，火光冲天，赵明诚惊慌失措，竟不顾城内百姓，用绳子拴住自己，从城墙上吊下来逃跑了。因此，赵明诚被罢了官。其实这仅是一场小小的动乱，却让李清照看清了身边这个男人如此没有气节、责任与担当。这次事件令李清照深感失望。

落花渐去的三月末，李清照和赵明诚离开了江宁。一路舟车，一路无言，郁郁寡欢的李清照心事沉闷。当到达乌江时，李清照望着滚滚急流，眼前浮现了历史上那场悲壮的战役。项羽明明有机会逃生，却自觉无颜面对江东父老，因此拔剑自刎，留下一世英名。而此时的南宋君臣，只顾着自己逃命，完全不管沦落之地百姓的死活，抛弃了大好的中原河山，苟且偷生，醉生梦死；与自己相濡以沫的丈夫又是如此胆小懦弱、贪生怕死。李清照心中郁结已久的悲愤喷涌而出，化为了这首铿锵之作《夏日绝句》：

生当作人杰①，
死亦为鬼雄②。
至今思项羽③，
不肯过江东④。

①人杰：人中的豪杰。汉高祖曾称赞开国功臣张良、萧何、韩信是“人

杰”。

②鬼雄：鬼中的英雄。屈原《国殇》：“身既死兮神以灵，魂魄毅兮为鬼雄。”

③项羽：秦末时自立为西楚霸王，与刘邦争夺天下，在垓下之战中，兵败自杀。

④江东：长江以南的地区，诗中指项羽当初随叔父项梁起兵的地方。

在她看来，人活着就要做人中的豪杰，为国家建功立业；死也要为国捐躯，成为鬼中的英雄。人们到现在还思念项羽，正是因为他不肯苟且偷生回江东。想来李清照虽为女子，骨子里却有着与项羽一般的傲骨，宁可站着死，也不愿跪着生。

文意探究

1. 读读故事，再读读诗歌，在故事中画出能帮你理解诗歌的句子。

2. 借助上面的注释，进一步理解诗句的意思，完成下面的练习。

(1)诗人在短短二十字中连用了三个典故，分别是：____________、____________、________________。

(2)诗句“__________________，________________”鲜明地提出了诗人所认可的人生价值取向。

情感体悟

1. 诗人写这首诗，并不只是凭吊西楚霸王项羽，更是借古讽今。你认为，诗人讽刺的内容有(　　)(多选)

A. 南宋朝臣放弃守土保民职责，仓皇逃窜。

B. 南宋统治者不管百姓死活，只顾自己逃命，抛弃中原河山。

C. 南宋朝廷中，主张议和的“投降派”占上风，一些官员甚至再次过起了歌舞升平的奢靡生活。

D. 丈夫赵明诚听说有叛军，不顾城内百姓，弃城逃生。

2. 李清照是婉约派词人的代表，并不以诗著称，但《夏日绝句》却是知名的诗作，广为传诵。你认为这首诗表达的情感是怎样的？

名句赏析

小雅助学

这首诗短短四句，语言浅近，却寓意深远，发人深省。

“生当作人杰，死亦为鬼雄。”诗的开头两句破空而起，势如千钧，先声夺人地将那种无论生死都无愧为英雄豪杰的气魄展现在读者面前，让人肃然起敬。

后两句用项羽不肯过江东的典故，寓含辛辣讽刺。当年，项羽遭遇垓下之围，逃到乌江边，乌江亭长劝他渡江，待来日东山再起。项羽谢绝了亭长的好意，说：“天要亡我，我为什么还要渡江呢？况且，我当年率领江东子弟八千人渡江西征，如今没有一个人回来，纵使江东父老兄弟同情我，仍然拥立我为王，我又有什么脸面去见他们？即使他们不说什么，我难道心中不感到惭愧吗？”毅然自刎而亡。失败的英雄，尚不肯过江，愧于见江东父老；一国之君，肱股之臣，弃城而逃，苟且偷安，难道内心不会羞愧吗？

诗中没有一个字言及时事，却无处不让读者感受到诗人内心的沉痛与悲愤。

1. 反复吟诵全诗，边读边理解诗人对现实的深刻揭露和无情鞭挞，体会诗人慷慨高洁的爱国情怀。尝试背诵全诗。

2. 下面是《夏日绝句》的书法作品，你更喜欢哪一幅？结合诗歌的内容、表达的情感以及语言特色阐述理由。

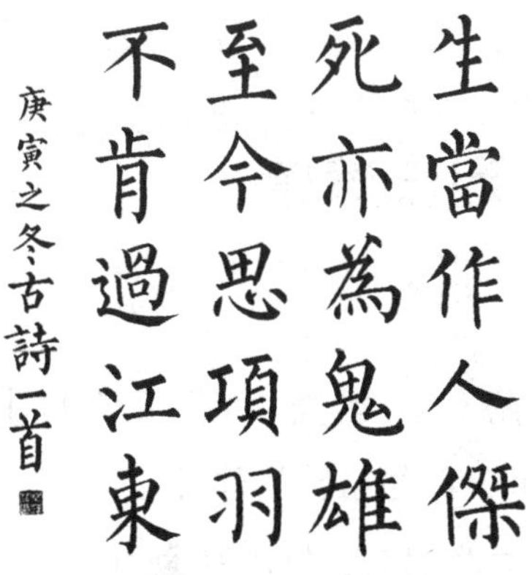

甲

乙

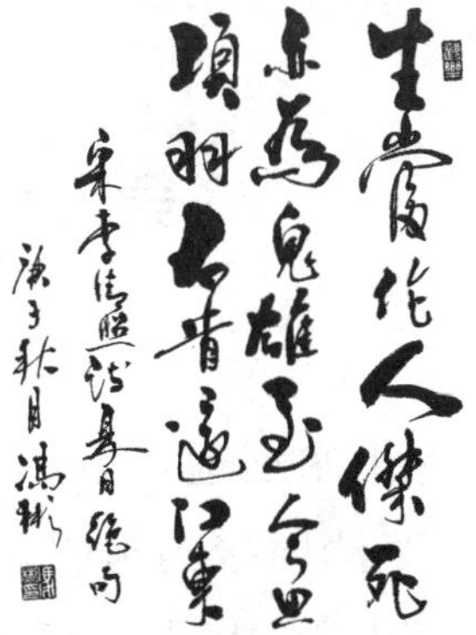
丙

拓展延伸

1. 有关“乌江”的题咏很多，众多诗人皆有佳作。上“古诗文网”搜索杜牧的《题乌江亭》，摘录并理解。

2. 项羽是位失败的英雄，却赢得了后人的同情和赞誉。同是咏项羽，李清照因其知耻，不“肯”过江东而大加赞誉；杜牧却认为男儿应当“包羞忍耻”，渡过江东后，“卷土重来未可知”。不同的情势，不同的用意，看待历史的角度使然。比较这两首有关乌江的诗作，你更赞同哪位诗人的看法？说说你的理由。

第三节 悼念亡夫，泪流满襟

山水迢递，烟波浩渺，何地才是归隐处。建炎三年（1129）七月，李清照接到赵明诚病重的书信，夜行三百里，赶至建康。

生命很脆弱，似秋叶，若蝼蚁。八月十八日，赵明诚病逝于建康。数年的奔走流离、疏离隔阂，都远不及这无可防备的变故来得绝望。

清晨，她从藤床纸帐中醒来。双人被，单人睡，孤枕相思，又是一个心痛到失眠的哀思夜。房内只有似断仍连的焚香和渐渐冷却的玉炉，陪伴着浑浑噩噩的她。

窗外传来笛声阵阵，是谁吹起了《梅花三弄》？李清照打开窗，发现梅园中的梅花在一夜之间竞相开放，朵朵都是春的消息。忆往昔，他们在小小的画楼上凭栏远眺，烹茶赋诗，她写出一句好词，他亦输得开怀，那些日子好不快活。昔日，自己那么爱梅，与夫君同赏，笔下的词里亦少不了梅花。可如今，这满园的春色，都与自己无关了。纵然她手折一枝俏梅，戴于发髻，又有谁来赏，谁来夸，谁来爱呢？

门外淅淅沥沥地下着小雨，李清照的心里也下起了雨。曾经，离别只作寻常，或几月，或几载，总有重圆时刻。如今，只留她一人在这纷繁的尘世间，她真真切切地成了一个“人间天上，没个人堪寄”的孤寂之人，如何不泪下千行呢？于是，她写下《孤雁儿·藤床纸帐朝眠起》：

藤床①纸帐②朝眠起，说不尽无佳思③。沉香断续玉炉寒，伴我情怀如水。笛声三弄④，梅心惊破，多少春情意⑤。

小风疏雨萧萧地，又催下千行泪。吹箫人去玉楼空⑥，肠断与谁同倚？一枝折得，人间天上，没个人堪寄⑦。

①藤床：藤条编织的床。

②纸帐：茧纸做的帐子。

③佳思：好心情。

④三弄：指《梅花三弄》，古代笛曲名，也称“梅花引”。

⑤春情意：喻指当年夫妻情深。

⑥“吹箫人”句：用秦穆公之女弄玉与萧史随凤凰飞去的典故，言其夫赵明诚之去世。

⑦“一枝折得”句：引用陆凯赠梅给范晔的典故，表达思念之情。陆凯《赠范晔》诗云：“折花逢驿使，寄与陇头人。江南无所有，聊赠一枝春。”

春雨瓦屋，庭梅纸窗。搁下笔，她泪如雨落，倾动山河。

文意探究

1. 读读故事，再读读这首词，从故事中画出能帮你理解词意的句子。

2. 全词以“______”为线索：相思之情被“梅笛”挑起，被“梅心”惊动；又因______（动作）无人共赏，无人堪寄，而陷入绵绵的悲痛之中。

情感体悟

阅读李清照的朋友圈，完成题目：

李清照

沉香断续玉炉寒，伴我情怀如水。笛声三弄，梅心惊破，多少春情意。@所有人

1分钟前

1. 读了她的朋友圈，你觉得理解不正确的一项是（　　）

A. 词人的心中有着说不尽的忧愁，从而奠定了全词感伤的基调。

B. “沉香断续”两句，写词人只有玉炉相伴。玉炉中的沉香似断似连，词人无心再续，心情如水一样平静。

C.“梅心惊破”用了拟人手法，词人赋予梅花知春的灵性。可即便春天来了，当词人听到《梅花三弄》这样的哀伤之曲，回忆起曾经甜蜜，心里不由满是伤感与落寞。

D. 词人看似在咏梅，实在悼亡，“多少春情意”寄托了对丈夫赵明诚的深切思念。

2. 如果要为这句词配乐朗读，你会从以下乐曲中选择（　　）。如果你对这几首乐曲不熟悉，可以上网找一找，听一听。

A.《春江花月夜》　　B.《海阔天空》

C.《山丹丹开花红艳艳》　　D.《一剪梅》

名句赏析

小雅助学

在这首词中，李清照不似往常那样直接描绘梅的色、香、姿，也没有去歌颂梅的品性，而是将自己寄托于梅花之上，这是一种独特的写法，即梅就是她，她就是梅。

词以“藤床纸帐”开领全篇，看似与梅没有任何关系，其实不然。旧时一般纸帐顶上会画以梅花，梅花纸帐柱上插以梅花，词人从居室的“藤床纸帐”写起，笔下无梅但梅暗含其中，含而不露，可谓笔无虚设。接下来“笛声惊破梅心”，梅，便是李清照自己，室内之人是何等的凄凉与寂寥。“一枝折得，人间天上，没个人堪寄。”这句话也与赠梅典故有关：南北朝时期，江南有一个人叫陆凯，他折下一枝梅花，托人送给长安的好友范晔，以表达深深的思念之情。此刻，对于李清照而言，对于丈夫的离世，纵有满腔悲苦，又能向谁诉说，又能与谁分担呢？她折下了一枝梅花，想寄给所怀念的人，可遍觅人间，四顾茫茫，那人早已远去，便是鸿雁都无法将心中的思念送达。至此，相思之情更甚。

梅之于李清照，已远非一般文人笔下的叹咏之物，而是她的情感和生命的象征。她以咏梅为主题或主要抒情意象的诗词有十二首之多，为历代女性咏梅者之最。她曾写下“雪里已知春信至，寒梅点缀琼枝腻”（《渔家傲·雪里已知春信至》），那时的她正是汴京城里轰动朝野的词女，与庭中梅花一样傲娇、旖旎。她曾对着皎皎清月下的梅树抒发淡淡的哀愁“髻子伤春慵更梳，晚风庭院落梅初，淡云来往月疏疏”（《浣溪沙·髻子伤春慵更梳》），那份情绪朦胧而又美妙。“手种江梅更好，又何必、临水登楼”（《满庭芳·小阁藏春》）写出了她在国破家亡后的沉痛之感，红梅是她最好的心灵之友，在寂寥中彼此相惜，彼此慰藉。

因此，我们读梅，亦是在读李清照。

1. 梅是李清照最为欣赏，也最为信任的朋友。她将苦乐哀愁一一与梅花低语诉说。请你反复吟诵这首词中有关“梅”的句子，边读边想象画面，体会词人的内心。

2. 有人说：“再寒冷的冬天也会迎来春天的到来。梅花好比是一种希望，梅花开放了，春天还会远吗？”对于李清照的一生而言，你同意这种说法吗，为什么？

拓展延伸

1. 李清照写下这首词悼念亡夫，她自知与赵明诚已经天人永隔，只能寄情于南柯一梦，希望在梦中能再与他相聚。苏轼也曾写下“十年生死两茫茫”来悼念亡妻，斯人已入土为安，活着的人要去向哪里？请你去“古诗文网”中搜集《江城子·乙卯正月二十日夜记梦》，把它抄在下面。思考：两首词都吐露着未亡人的痛与爱、忆与思。它们有什么不同之处？

第四节　家国不复，记梦抒情

天蒙蒙，雾蒙蒙，水天相接，雾笼云涛。银河欲转，千帆如梭逐浪漂。闪烁的星星悬挂在空中，就像浩瀚银河中的船只，只是人们不知道它们的起点，亦不知道它们的终点。如此美景，李清照昔日是与赵明诚一同欣赏的。

一缕一丝入梦中，李清照来到了天庭。眼前的天帝面色温和，显得那么平易近人："清照，你可有归宿之处？"

"此番前行，路途漫长且坎坷，现在已是黄昏了，我还未能到达呢！"李清照长长地叹了一口气。赵明诚去世以后，她已不是当年的知府之妻，有高墙栖身。如今的她孤身一人，携着赵明诚一生守护的万卷藏书，辗转漂流，饱尝人间的酸甜苦辣。

"你阅尽人间的荣辱悲欢，挥笔筑造人世间最美的风景，世人传颂。怎会如浮萍一般，居无定所？"天帝不解。

"哎，天下之大，就算我满腹诗书，能吟出惊人的诗句又能如何呢？一样没有容身之处，一样怀才不遇、孤苦半生啊！"李清照感怀不已。赵明诚走了，他留下的金石古物已不仅仅是藏品，它们见证了她与赵明诚之间的爱情，凝聚了他俩毕生的心血，更是亡夫临终的重托。可如今，在这样的乱世，她一个弱女子连自己都保护不了，又有什么能力保护这些珍贵的文物呢？

长风浩荡，大鹏正乘风高飞，自由地翱翔于天际之中。"风呀，你莫要停，吹动我身下的小舟，送我到蓬莱三仙岛吧！我想寻一处仙人居住的桃源之地，我想逃离纷繁的尘世！"长吁之下，李清照挥笔写下《渔家傲·天接云涛连晓雾》：

天接云涛连晓雾，星河[①]欲转千帆舞。仿佛梦魂归帝所[②]，闻天语[③]，殷勤[④]问我归何处。

我报路长嗟[⑤]日暮，学诗谩有[⑥]惊人句。九万里风鹏正举。风休住，蓬舟[⑦]吹取[⑧]三山去！

①星河：银河。

②帝所：天帝居住的地方。

③天语：天帝的话语。

④殷勤：情意恳切。

⑤嗟(jiē)：慨叹。

⑥谩(màn)有：空有。谩，同“漫”，空，徒然。

⑦蓬舟：如飞蓬般被风吹转的小船。

⑧吹取：吹得。

许是梦境太美，停笔之时竟是梦境破灭之时。梦醒，残留在枕边的只有斑驳的泪痕，空寂的房间愈加凄凉，心中的惆怅被无限放大。凉凉的月色洒进窗口，那决绝离去的身影，何时才能回？

文意探究

1. 李清照所写的《渔家傲》描写的是____，显示出婉约派词人性情中____________的一面。

2. 吟诵“天接云涛连晓雾，星河欲转千帆舞”，发挥想象，用自己的话描述这两句词在你脑海中呈现的画面。

情感体悟

1. 下面是三幅“九万里风鹏正举”的书法作品，请你选出最符合李清照心境的一幅，简要写出选择理由。

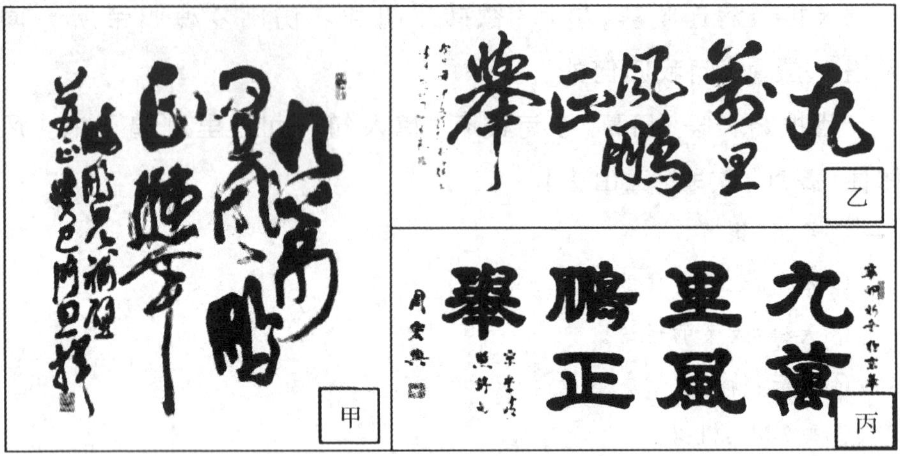

2.“我报路长嗟日暮，学诗谩有惊人句”中的“长”“嗟”二字值得品味。联系整首词，李清照借此表达怎样的人生感悟？（　　）

A. 寒冷中，渴望温暖　　　　B. 逆境中，渴望解脱

C. 忧患中，渴望祥和　　　　D. 惆怅中，渴望自由

名句赏析

小雅助学

这首词是李清照词作中少有的豪放词，气势磅礴、境界宏大，字里行间、呼之欲出的豪气，丝毫不让苏轼、辛弃疾。“天接云涛连晓雾，星河欲转千帆舞。”词人通过“接”和“转”两个动词，将水天、晨雾、云涛、银河、风帆连接在一起，形成了一幅壮美的画卷。从人间到天上，再由天上到人间，李清照忘记了流亡之苦，内心如海一样博大，在幻想的梦境中与天帝对话。前方的路很长，求索的东西很多，李清照渴望能如大鹏那般举翼振翅，在长风中翻飞，用满腔壮志涤荡南宋上空的靡靡之气，还人们一个清朗自由的天地。

南宋黄昇在他编著的《花庵词选》中，将李清照的这首词题作

“记梦”,认为这是一首记梦之作。与天帝问答的情节,确实是梦,但这梦不同于平常入睡之后所做的梦,而是一次精神的自由漫游。李清照带着文物,不远万里追随皇帝的脚步,一场又一场地扑空;费尽心思,想要保全的文物,一件又一件地毁损。因此,与其说这是一场梦,不如说这是一次灵魂深处在沉痛现实之下的舒缓与释放。

1. 词中所用意象,如云涛、晓雾、星河、千帆、九万里长风、大鹏等,无一不呈现出一种大美。反复吟诵这首词,边读边想象壮美的画面。

2. 清代黄苏《蓼园词选》评论这首词:“此似不甚经意之作,却浑成大雅,无一毫钗粉气,自是北宋风格。”你同意“无一毫钗粉气”这一说法吗?找出词中写景的语句,说清理由。

拓展延伸

李清照当真是巾帼不让须眉。她是有志气的烈性女子,她的词,婉转清绝;她的诗,气象万千;她的气度,倾动了浩浩山河;她的人,端正沉静、淡然有情。思考:如果你穿越到古代,见到李清照,你最想对她说什么?

第四章 桑榆暮景

小雅说

在经历了战争的磨难，改嫁、离婚的痛苦后，年过半百的李清照孑(jié)然一身，孤苦无依。但是她的意志并未消沉，诗词创作的热情更趋高涨，创作出了许多脍炙人口的佳作名篇。

晚年的李清照越是孤独寂寞，越是思念曾经与赵明诚共处的美好时光，就越是珍爱手上所剩无几的金石字画。她精心整理赵明诚的遗作《金石录》，并完成了《〈金石录〉后序》的写作，后将著作献给了朝廷。《金石录》是赵明诚所著的一部极具价值的研究金石之学的专著。而这篇后序回顾了两人二十多年收集、整理、保护上万件金石字画的历程，见证着他们夫妻情投意合、绝世无双的感情。

桑榆暮景中的李清照并没有在孤独中沉沦，她像一片绯红的枫叶，经历了风霜的洗礼更加折射出生命的光泽，红得更浓烈、更深沉。如果说年轻时的李清照是一缕清泉的话，那么此时的她好似一汪深潭，宁静醇厚却依然澄澈。

宋高宗绍兴二十五年(1155)前后，一代才女李清照在孤苦凄凉中悄然离世，屋内筌篌依旧，这位绝代佳人，却缓缓闭上了眼睛，结束了她坎坷的一生。

李清照是宇宙中的限量版，一千年来才有一个。她从“藕花深处”轻轻走来，撑起了宋词的半壁江山，创造了一个绝无仅有、旷古烁今的传奇。

第一节　物是人非时，独叹《武陵春》

在经历了战乱的磨难，再嫁又离婚的苦痛后，五十几岁的李清照孑然一身，避难金华，身心俱损。

这是暮春三月里的一个上午，恼人的风雨停歇了，百花凋零，融在泥土中，只有沾花的尘土犹自散发出淡淡的香气。太阳懒洋洋地挂在天上，也是无精打采的模样。

坐在梳妆台前，望着铜镜，李清照眼前又浮现出曾与赵明诚共度的幸福时光。当年，易安也像此时这样，对镜帖花黄，而明诚就陪伴在她的身边，为她描眉，替她画花钿（diàn）。而如今，熟悉的场景又在眼前，落花，还是从前的落花；斯人却早已离去。想再唤一声“明诚”，想好好诉说相别数年的辛酸，一张口，却不知从何说起，更不知如何言说，最终什么话都说不出来，只有眼泪夺眶而出，止不住簌簌地落。是啊，曾经一起赏花填词的人，如今阴阳相隔，如今梳洗打扮，又是给谁看呢？触景生情，李清照心中不免更加压抑，愁肠百结。

许是想到万一明诚此刻就在天上看着自己，看到自己这样以泪洗面，枯坐终日，必定放心不下，李清照强打起精神，稍事整理。又想起曾听朋友们说起双溪风光甚好，春光明媚，游人如织，她便也打算去划划小船，若是能借着泛舟拂去积压在心头的忧愁该有多好，或许还能暂时重拾少女时期“兴尽晚回舟，误入藕花深处”那种轻快的心情。可是，逝去的时光终究是回不来了，没有明诚在身边的日子，易安满怀思念、满心哀伤，这愁绪太沉太重，怕是那小小的舴艋舟载不动这样的自己。

苦涩堵喉，终是无心赏景，李清照悠悠诵出让人读了不住叹息的《武陵春[1]·风住尘香花已尽》：

风住尘香[2]花已尽，日晚倦梳头。物是人非[3]事事休，欲语泪先流。

闻说双溪[4]春尚好，也拟[5]泛轻舟。只恐双溪舴艋舟[6]，载不动许多愁。

①武陵春：词牌名。

②尘香：落花触地，尘土也染上落花的香气。

③物是人非：事物依旧在，人不似往昔了。

④双溪：水名，在今浙江金华，是唐宋时有名的游览胜地。有东港、南港两水汇于金华城南，故曰“双溪”。

⑤拟：准备，打算。

⑥舴艋(zé měng)舟：小船，两头尖如蚱蜢。

文意探究

1.读读故事，再读读整首词。想想“物是人非事事休，欲语泪先流”是什么意思。在故事中画出能帮你理解这首词的句子。

2.借助故事，进一步理解词句的意思，完成下面的练习。

(1)“日晚”的意思是(　　)

A.太阳落山，已经到晚上了。　B.太阳高悬，日头已高了。

(2)联系上下文，下面对这首词理解不恰当的一项是(　　)

A.“风住尘香花已尽”说明这首词写于暮春时节。

B.“日晚倦梳头”表现出了词人内心的哀愁。

C.“闻说双溪春尚好，也拟泛轻舟”写出了词人泛舟双溪的欢乐。

D.“只恐双溪舴艋舟，载不动许多愁”表达了词人满怀思念、满心哀伤。

(3)你认为，词的上阕中最能体现词人十分愁苦的两个行为是____________、_______________。

情感体悟

1. 你觉得应该用怎样的语气朗读这首诗？（　　）

A. 欢快愉悦　　B. 愁绪满怀

C. 沉郁顿挫　　D. 激情高昂

2. 自古以来，很多音乐家都会根据诗词，加入自己的理解与感悟，进行谱曲。请你上网找找金婷婷演唱的《武陵春·春晚》，听一听，说说你喜不喜欢这种表达方式。

____

____

名句赏析

小雅助学

婉约词宗李清照尤擅写“愁”，从“怎一个愁字了得”，到“一种相思，两处闲愁”，不断推陈出新，《武陵春》一词更是将“愁”写到了极致。

词的下阕，以“闻说”“也拟”“只恐”六字点出李清照内心复杂的情感，一波三折，感人至深。“闻说”表现的是骤然的心动，“也拟”令去双溪“泛轻舟”仅停留在想象中，“只恐”则写出了词人经历了内心的挣扎，最终未能成行，表达了李清照内心深处的苦闷和忧愁。其中“只恐双溪舴艋舟，载不动许多愁”可谓千古名句，是词人直抒胸臆的点睛之笔。李清照自铸新辞，在这句话中巧妙地运用了比喻和夸张的修辞手法，化抽象的愁情为具体可感的物质，让“愁”有了重量。将“愁”载到船上，甚至重到连船都载不动，不着痕迹地表现愁苦之重，高明脱俗。

而这一个“愁”字，也写尽了易安一生的孤独，道出了她内心不尽的愁苦。

1. 反复吟诵这首词，边读边想象词中情境，体会“只恐双溪舴艋舟，载不动许多愁”一句修辞手法运用的巧妙。

2. 读完这首词，你认为李清照笔下“载不动许多愁”的“愁”，可能包含了哪些意蕴？（　　）（多选）

A. 丈夫去世，永失所爱，永别之愁。

B. 国家败亡，人民苦痛，国破之愁。

C. 家乡沦陷，颠沛流离，家亡之愁。

D. 封建社会里推崇“女子无才便是德”，女子才学不被理解，孤独之愁。

拓展延伸

古代写“愁”的诗句不少，李煜的“问君能有几多愁，恰似一江春水向东流”以春水喻愁，言愁之多；李清照的“只恐双溪舴艋舟，载不动许多愁”化无形之愁为有重量的实物，言愁之重；李白的“白发三千丈，缘愁似个长”以白发喻愁，言愁之长……这些诗词引起了无数忧愁之人的共鸣，遂成千古名句。

请你上网搜一搜有关“愁”的诗词，读一读，将最喜欢的三句诗词摘录下来，并说说喜欢的理由。

____

____

____

第二节　繁华落尽处，浅吟《声声慢》

靖康之变后，李清照国破家亡，后与丈夫天人两别，伤于人事，悲愁抑郁。

又是一年秋天，自从丈夫去世后，仿佛一切都弃易安而去了，生命中所有在乎的人、物，终究是一个都没留下。她不愿认命，想要伸手抓住些什么，在屋子里来回踱步、寻找，到头来却发现不知道自己在找什么，什么也没找到。整个屋子冷冷清清，只有孤独的自己独自徘徊罢了。越是寻觅，越是冷清；越是冷清，越是凄凉；越是凄凉，越是悲戚。

心情压抑，再加上这乍暖还寒的天气，易安愈发觉得身子冷了起来，是啊，这种时候总是最难保养休息的，还是喝点酒暖暖身子再说吧，可几杯酒下肚，身上依旧没有半分暖意，这三两杯淡酒，又哪里抵挡得住风寒呢？说到底，寒的又岂止是秋风，更是心境啊，秋风能挡，心里的寒风如何挡！这时突然听到大雁的一声悲鸣划破天际，易安愈发伤心，也不知这大雁是不是像她一样寻觅着什么，大雁都有自己的归宿，而她，什么都没有。胡思乱想中，蓦然觉得这南来的大雁像是曾经在北方认识的。自己又何时才能像这大雁，回到曾经温馨的家园去呢？

罢了，罢了！还是不看天空好，总是徒增伤心。低头看看院中吧。院中开满了菊花，本是秋意正浓，冷雨打后，却是满地凋零。当然，与菊花一起凋零的，还有因忧伤而憔悴瘦损的易安。憔悴的人面对憔悴的花，无花可摘，也是无人去摘。就这样孤独地守在窗前，不知独自一个人怎么熬到天黑。偏偏这时又下起了细雨，雨打秋桐，发出阵阵悲切之音。到黄昏时分，那雨声还是点点滴滴、淅淅沥沥。无边丝雨细如愁，可这般光景，又怎么能用一个“愁”字了结啊！

想到这里，李清照不禁吟诵出让人叹息的《声声慢》：

寻寻觅觅，冷冷清清，凄凄惨惨戚戚。乍暖还寒①时候，最难将息②。三杯两盏淡酒，怎敌③他、晚来风急！雁过也，正伤心，却是旧时相识。

满地黄花堆积，憔悴损④，如今有谁堪⑤摘？守着窗儿，独自怎生⑥得黑！梧桐更兼细雨，到黄昏、点点滴滴。这次第⑦，怎一个愁字了得！

①乍暖还寒：指秋天的天气，忽然变暖，又转寒冷，变化无常。

②将息：养息，休息。

③敌：对付，抵挡。

④损：表示程度很深。

⑤堪：可以。

⑥怎生：怎样。生，语助词。

⑦这次第：这光景，这情形。

文意探究

1. 读读故事，再读读这首词。“寻寻觅觅，冷冷清清，凄凄惨惨戚戚”是什么意思？在故事中画出能帮你理解词意的句子。

2. 借助上面的注释，进一步理解词句的意思，完成下面的练习。

(1)李清照写这首词时，看到的是__________时节的景象。

(2)词中提到的景物有__________、__________、__________和__________。

(3)联系上下文，下面对这首词理解不恰当的一项是(　　)

A.“寻寻觅觅”表现了词人空虚怅惘的心态。

B.“如今有谁堪摘”，表现词人因郁闷，已不再为花凋谢感到惋惜。

C.“守着窗儿，独自怎生得黑！”抒写了词人寂寞难耐的苦楚。

D.“这次第，怎一个愁字了得！”表达了词人辛酸凄苦的哀愁。

情感体悟

1. 读完这首诗，你认为词人在词中表达了怎样的愁情？(　　)(多选)

A. 亡国之恨　　　　B. 丧夫之痛

C. 流离之苦　　　　D. 孀居之悲

2. 整首词中处处充斥了词人的感伤，除了“__________________________________”“________________________”等词句直接抒情外，还借________、________、________、________、________、________等景物间接抒情，营造了冷清、凄惨、哀怨的意境，抒发了自己的家愁国恨。

名句赏析

小雅助学

有人说李清照是“写愁第一高手”，而《声声慢》则是浓缩了李清照一生痛楚的千古绝唱。

开篇“寻寻觅觅，冷冷清清，凄凄惨惨戚戚”，一连用七组叠词表达情感，前无古人，后无来者。十四个字，从动作到环境再到心理，由外而内、层次鲜明地诉说着词人相思无处投寄的彷徨与空虚，刻画了词人形容憔悴、愁肠百结的悲戚形象，为全词奠定了悲苦愁绝的感情基调。

同时，这七组叠词朗读起来富有音乐美，反复诵读，就好像听琵琶女低吟浅唱，未成曲调先有情，大珠小珠落玉盘，愈读愈给人一种哀婉凄苦之感。十四个叠字，就像十四声鼓点，轻轻重重，敲打着读者的内心，徘徊低迷的氛围瞬间洒满纸面，使读者不由自主地屏息凝神，进一步走进李清照营造的情感世界。

全词字字血，声声泪，深沉而凝重，是李清照用苦难人生吟成的巅峰之作。

1. 反复吟诵“寻寻觅觅，冷冷清清，凄凄惨惨戚戚”，边读边想象李清照当时的动作、心情，体会其叠词运用的巧妙。

2. 李清照的“寻寻觅觅，冷冷清清，凄凄惨惨戚戚”，连用七组叠词表达了相思无处投寄的彷徨与空虚。除了李清照，很多诗人都会在诗词中加入叠词增加表现力，从而更好地表达情感。下面几个带叠词的诗句分别表达了什么样的情感呢？请你想一想，连一连。

(1)无边落木萧萧下，不尽长江滚滚来。

(2)桃之夭夭，灼灼其华。

(3)谁知盘中餐，粒粒皆辛苦。

拓展延伸

在封建社会，身为一个女人，李清照何其不幸；但作为一代婉约词宗，她又何其伟大。命运卷起风暴，吹打着李清照的灵魂，但她不曾低头，一次次用最温柔的语言诉说着自己的倔强与骨气。我们不知道她死于何时，葬于何地，也叹息她没有子女和弟子继承她的衣钵，但她开阔的眼界和充满傲气的人格早已刻在我们心中。

1. 你心中的李清照是怎样的呢？有人为她写了一副挽联：“____________________；校碑栏槛，梦随玉笛俱飞。”结合对

李清照的了解，你认为哪一句更适合作为上半联呢？（　　）

A. 载酒江湖，人比黄花更瘦。

B. 身世浮沉，悲不见九州同。

C. 临危受命，一心为酬三顾。

D. 瑰玮之文，足以藻饰万物。

第五章　婉约词宗

小雅说

1987 年，国际天文学联合会命名水星上第一批环形山，其中有一座的名字就是李清照。作为一个生活在封建时代的女性，她却能代表中国文化，获得了世界的瞩目与认可。读了前面四章，大家对李清照的印象是怎样的？如果让你用一个词形容她，你会用什么呢？让我们借助思维图一起来盘点一下：

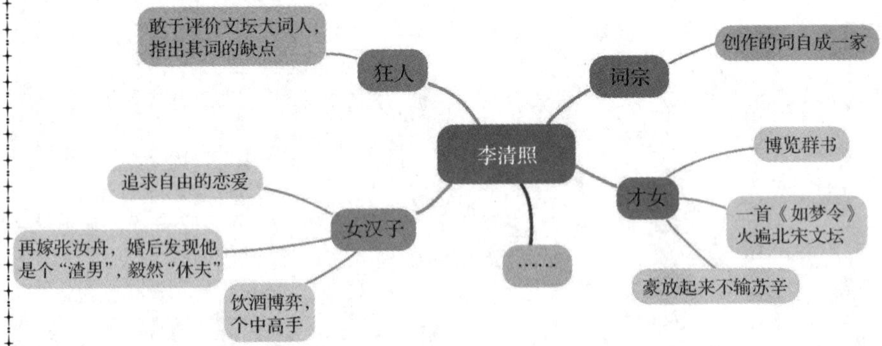

首先，在大家的印象中，李清照是一代词宗，作为婉约派的代表人物，她的词自成一家，能在当时众多的男词人中脱颖而出。同时，李清照虽然是婉约派的代表人物，可是你知道吗？她的词豪放起来，一点也不输于苏轼、辛弃疾，宋词里最著名的两首《渔家傲》，其中一首就是李清照所写。

李清照还是“千古第一才女”，她从小博览群书，年纪轻轻就创作了《如梦令·昨夜雨疏风骤》，火遍了整个北宋文坛。她虽然没有参加过科举考试，却也成为当时的“红人”。而且，她不仅局限于简单的“才女”身份。面对赵明诚弃城逃跑这种不忠不孝、不仁不义的行为，以及当时南宋当权者不思进取、苟且偷生的无耻行径，李清照创作了《夏日绝句》这一传世五言绝句暗讽。可见她的人生不仅有诗情画意，更有浓浓的爱国情思。

作为婉约派的才女，李清照的个性却一点也不婉约，她也有女汉子的一面。宋朝的封建礼教极其严格，婚姻自古是“父母之命，媒妁之言”，但李清照却敢于追求自由恋爱。赵明诚去世后，四十九岁的李清照顶着世俗的压力再嫁张汝舟。婚后发现张汝舟是个“渣男”，毅然与其离婚。你能想象吗？一个封建时代的女性，居然还敢状告丈夫以实现“休夫”。另外，李清照还是饮酒博弈的高手，她的许多首诗词中都提到了“酒”。她是当时的打马（宋朝的一种博弈游戏）高手，逢赌必赢，她还把打马心得写成了一本书，厉害吧？

李清照还是一个狂人。她对词的创作有自己的见解和主张，她敢于把当时北宋文坛的一众大词人都批评一遍，把他们词的缺点都指了出来，她说：“乃知词别是一家，知之者少。”

那你觉得李清照是个怎样的人呢？

第一节　千古才女，婉约词宗

在"女子无才便是德"的封建时代，李清照却自幼熟读诗书，极有个性，她从不服输，总在拼命成就最好的自己。她擅长书、画，通晓金石，工于诗词，在宋朝乃至后代的士人圈里都极具声名。她创作的词独步一时，流传千年，她也成了中国文学史上最伟大的女词人，被尊为"婉约词宗"。清代著名文学家、诗人李调元在《雨村词话》卷三中这样评价李清照：

易安在宋诸媛中，自卓然一家，不在秦七①、黄九②之下。词无一首不工。其炼处可夺梦窗③之席，其丽处直参片玉④之班。盖不徒俯视巾帼⑤，直欲压倒须眉⑥。

①秦七：北宋婉约派词人秦观，排行第七，故称。

②黄九：北宋诗人、书法家黄庭坚排行第九，因以称之。

③梦窗：南宋词人吴文英，号梦窗，善于炼字炼句。

④片玉：北宋文学家周邦彦，婉约派的代表词人之一，有词集《片玉词》，用语典丽清雅。

⑤巾帼：古代妇女的头巾和发饰，借指妇女。

⑥须眉：胡须和眉毛，古时男子以胡须眉毛稠秀为美，故以之为男子的代称。

宋代词坛上出现过不少有才华的女词人，像魏夫人、朱淑真、孙道绚等在当时都很有成就，魏夫人的词语言清丽，如"溪山掩映斜阳里，楼台影动鸳鸯起。隔岸两三家，出墙红杏花"（《菩萨蛮·溪山掩映斜阳里》）；朱淑真的词情意绵绵，如"斜风细雨作春寒。对尊前，忆前欢。曾把梨花，寂寞泪阑干"（《江城子·赏春》）；孙道绚的词柔婉忧伤，如"陌上游人归也未？恹恹，满院杨花不卷帘"（《南乡子·春闺》）。而李清照在词的创作上另辟蹊径，自成一家，关注生活细节，用口语化的语言，让词变得通俗易懂，又婉转如珠，表现出天才的艺术创造力。

李清照的作词水平不仅超过同时代的女词人，还能和男词人一决高下。秦观和黄庭坚是宋代的填词高手，词作颇有成就。秦观的词极度柔美，但气韵弱，如“日边清梦断，镜里朱颜改。春去也，飞红万点愁如海”(《千秋岁·水边沙外》)，黄庭坚的词读来质朴，但用词艳俗，如“奴奴睡，奴奴睡也奴奴睡”(《千秋岁，世间好事》)，李清照就凭着作品的雅致脱俗，轻轻松松跻身在他们当中。

李清照的词没有一首构思不奇巧、不精妙的，比如我们前面读的“一种相思，两处闲愁。此情无计可消除，才下眉头，却上心头”。她用字十分精练，善于化俗为雅，让词变得清新工巧，如：“试问卷帘人，却道海棠依旧。知否，知否？应是绿肥红瘦。”说到炼字炼句，不得不说词坛大家吴文英，他的每一首词都经过精雕细琢，字面华丽无比，但是用字太过注意，有些词反而让人难以理解，这样看来，李清照炼字的功夫超过吴文英。

周邦彦是公认的婉约派代表词人，他造诣高深，作品语言典丽清雅，其中有“叶上初阳干宿雨，水面清圆，一一风荷举”(《苏幕遮·燎沉香》)、“风老莺雏，雨肥梅子，午阴嘉树清圆。地卑山近，衣润费炉烟”(《满庭芳·夏日溧水无想山作》)等名句，而李清照吸收民间口语的营养，精心提炼的语言雅洁绮丽，具有代表性的有“惟有楼前流水，应念我、终日凝眸。凝眸处，从今又添，一段新愁”“梧桐更兼细雨，到黄昏、点点滴滴。这次第，怎一个愁字了得”。很明显，李清照的词在语言的典丽清雅上，不在周邦彦之下。

总而言之，李清照，这个中国文学史上的奇女子，顶起封建礼教的巨石，在夹缝中成长，成为一个奇迹。她的词，也以其突出的个性，精湛的艺术技巧，奠定了她在词史上的重要地位，取得了“不徒俯视巾帼，直欲压倒须眉”的成就，独领风骚数千年。

文意探究

1. 李调元认为李清照卓然自成一家，不在________、________之下，创作的词奇巧精妙，可与________、________相媲美，她虽是女子，却不输男儿，最后评价道"________，________。"

2. 下面选项中哪一个是李清照词主要的语言风格（　　）

A. 恬淡优美　　B. 幽峭冷艳

C. 清新婉丽　　D. 沉郁顿挫

拓展延伸

1. 李清照巾帼不让须眉，创作的词看起来寻常，其实精心锤炼，读起来明白如话，其实十分精妙。请从她的词中选择一首你喜欢的，摘录下来，并录制成一份诵读视频。

____

____

____

2. 对于李清照这样的才女，你会怎么评价，请你试着写一写。

____

____

第二节　名人评李清照名言

当代学者康震在《康震讲李清照》一书的“写在前面”中是这样开篇的：

在浩瀚的太阳系，水星距离太阳最近。

1987 年，国际天文学联合会命名水星上第一批环形山，有十五座环形山以中国人的名字命名，其中一座的名字就是李清照。从此，李清照的名字在太阳的照耀下开始放射更加辉煌的光芒。

作为一名女性，一名生活在封建时代的女性，能够在数以万计的中国古代智者先贤中脱颖而出，成为中国文化的象征，获得世界的瞩目、认可，在宇宙太空大放光彩，这是一个多么瑰丽的传奇故事！而李清照那些脍炙人口的诗词作品，每一首不也都是一个深情、美丽的传奇故事吗？

小雅查找资料发现，对于水星上环形山的命名，国际天文联合会采用杰出的艺术家、音乐家、画家和作家的名字，所用人物需有五十年以上的影响力，并对其所属领域做出过重要的贡献。李清照能够被国际天文联合会选中，毫无疑问，满足以上条件。

一、她是当之无愧的“婉约词宗”

婉约派为中国宋词流派。婉约词派的代表人物有柳永、晏殊、晏几道、秦观、欧阳修等人。李清照作为一个女性词人，在一众男性词人中出类拔萃，别成一家，人称“婉约词宗”！

宋人王灼虽对李清照后期的改嫁颇有微词，但对其词作的评价却很中肯：

作长短句，能曲折尽人意，轻巧尖新，姿态百出。

确实，李清照擅长以自己的生活体验为基础，展现女性丰富多彩的内心世界，善于用最通俗的语言，刻画出一瞬间的情感变化。

当代学者傅庚生在《中国文学欣赏举隅》中也这样指出：

此等心情，惟女儿能有之；此等笔墨，惟女儿能出之。

宋朝的女性词人不少，李清照、朱淑真、吴淑姬、张玉娘并称为宋代四大女词人，但名声最显赫的是李清照。正如晚清著名词家陈廷焯所评价的：

宋妇人能诗词者不少，易安为冠，次则朱淑真，次则魏夫人也。

这是为什么呢？小雅认为，主要原因是李清照后期的创作，不仅仅局限于表达闺阁之情，更多了忧国忧民之情。

在士大夫大力提倡封建礼教、控制妇女思想、扼杀妇女才能的宋代，她并没有被驯服。她不仅掌握了广博的文化知识，而且敢于谈论政治。早年，她就献诗赵明诚的父亲；南渡后，她更以“生当作人杰，死亦为鬼雄。至今思项羽，不肯过江东”等诗句谴责了南宋统治集团里那些见了敌人就只知逃跑的人。

到了近现代，许多研究者更是对李清照其人及其文学成就作出了很高的评价：

李清照是宋代最伟大的一位女词人，也是中国文学史上最伟大的一位女词人。

——郑振铎

大河百代，众浪齐奔，淘尽万古英雄汉。词苑千载，群芳竞秀，盛开一枝女儿花。

——臧克家

二、她是见地独特的词学理论家

李清照不仅仅是一位杰出的词人，更是一位有着自己独特理论见地的词学理论家。她在《词论》中对晏殊、欧阳修、苏轼等十六位当时的文坛前辈乃至大词人进行了大胆评价，直言不讳指出他们的缺点：“至晏元献、欧阳永叔、苏子瞻，学际天人，作为小歌词，直如酌蠡水于大海，然皆句读不葺之诗尔。又往往不协音律者。"李清照认为他们学识渊博，作词好比从大海里舀取一瓢水那么轻松，但其词常常不合音律，不能算真正意义的词。

这些观点让同时代甚至后世的文学评论家都很不满，清朝裴畅指责她：

易安自恃其才，藐视一切，语本不足存；第以一妇人能开此大口，其妄不待言，其狂亦不可及也。

其实，李清照对前辈的评说并不是不敬，只是为了阐明她心目中"词别是一家"的审美风格。正是她的这种勇气，使她这一观点成为中国词学史上最重要的理论观点之一。《词论》也是中国文学批评史上第一篇完整的词学理论专文，对词的发展产生了巨大的推动作用。

三、她是封建礼教的叛逆者

李清照是个才学高博的女词人，更是个封建礼教的叛逆者，是个爱憎分明、个性独立、不畏权势的女中豪杰。年轻时，她与赵明诚志趣相投、两情相悦，又得到家长的支持，在"父母之命，媒妁之言"的时代，能嫁给情投意合之人，难能可贵。在赵明诚死后，李清照又选择再嫁，但当她发现张汝舟不仅在学识上、生活情趣上跟赵明诚没法相比，而且完全是个居心叵测、道德败坏的小人时，她情愿自己坐牢，也要状告张汝舟，并与之离婚。她的这一惊世骇俗的举动，对其声誉造成了不小的影响。宋人王灼的话最具代表性：

自古缙绅之家能文妇女，未见如此无顾忌也。

但我们也正通过这些事迹，才更清楚地了解到李清照的人格与个性。她自始至终都是一个不墨守成规，有着独立个性，坚定走自己道路，反对封建礼教束缚的伟大女性。

李清照，正如她的名字一样，以一首首清婉流丽的诗词装点了文学的大观园，更以独立的思想、卓绝的见识、勇敢的精神、爱国的情怀，成为世界文坛的一个传奇女子。

文意探究

1. 文中的“易安”指李清照，你知道这个称谓的由来吗？查查资料，和同桌交流一下。

____

李清照的称谓还有什么？查资料，在下面的横线上写两个。

____

2. 不少评论家都把李清照同当时一些著名的男性词人进行比较，认为李清照虽为女子，在词作上的成就却毫不逊色，甚至超越男性词人，清代学者李调元这么评价她：“______________________________

______________________________。”

请通过查阅资料，再写出一句这方面的评价______________

____

拓展延伸

1. 查阅资料，收集国际文学评论界对李清照的评价。

____

____

2. 你怎么评论李清照呢？试着创作属于你的点评易安体的名言。

____

____

参考答案

第一章第一节

【文意探究】

1. 略

2. (1)日暮　溪亭　(2)误入藕花深处　惊起一滩鸥鹭

【情感体悟】

1. 沉醉　兴尽

2. B

【名句赏析】

1. 欢愉　焦灼

2. 我仿佛看到李清照心急火燎，十分慌乱，奋力把船从误入的荷花丛中划出去的样子。

【拓展延伸】

例:《如梦令》　严蕊

道是梨花不是，道是杏花不是。白白与红红，别是东风情味。曾记，曾记，人在武陵微醉。

第一章第二节

【文意探究】

1. 略

2. (1)卷帘人　(2)A

【情感体悟】

1. C

2. 第二天，李清照明明可以自己去看海棠，却要“试问卷帘人”，因为她不忍看到残花凋落。她明明已经料到海棠“绿肥红瘦”，却还要问，因为她仍抱有希望。这些内容写出了李清照敏感、纤细、矛盾的内心。

【名句赏析】

1. 时间：雨疏风骤的春夜之后

人物：李清照　侍女

对话：

李清照（睡眼惺忪）：屋外的海棠花怎么样了？

侍女（眼里只有主人，毫不在意屋外的海棠花）：还是和之前一样啊！

李清照（轻轻叹了口气）：你知道吗，你知道吗？应该是绿叶茂盛，红花凋零啊！

2. “雨疏风骤”中一“疏”一“骤”把春夜雨狂风紧的特点写得鲜明突出。“浓睡不消残酒”中“浓睡”与“残酒”形成对比，传神描绘了早上醒来睡眼惺忪的李清照，为后面的对话埋下了伏笔。

【拓展延伸】

李清照作为封建社会待字闺中的少女，常与酒相伴，可见她不是一个中规中矩的女子，反而活泼开朗、见多识广。《如梦令·常记溪亭日暮》更多表达的是青春朝气的野逸之情，而《如梦令·昨夜雨疏风骤》更多表达的是对青春易逝的伤感。

第一章第三节

【文意探究】

1. 略

2. (1)暮春　黄昏　(2)远岫　云　薄暮　细风　雨　梨花

【情感体悟】

1. B

2. 梨花欲谢恐难禁

【名句赏析】

1. 略

2. A

【拓展延伸】

例：

(1)《诉衷情·眉意》 欧阳修

清晨帘幕卷轻霜。呵手试梅妆。都缘自有离恨，故画作远山长。

思往事，惜流芳。易成伤。拟歌先敛，欲笑还颦，最断人肠。

(2)《浣溪沙·雨过残红湿未飞》 周邦彦

雨过残红湿未飞，疏篱一带透斜晖。游蜂酿蜜窃香归。

金屋无人风竹乱，衣篝尽日水沉微。一春须有忆人时。

第一章第四节

【文意探究】

1. 略

2. (1)清晨 后花园 露浓花瘦 (2)CD

【情感体悟】

1. (1)A (2)C (3)D (4)B

2. 女主人公想偷偷看一眼自己的心上人，以解自己的相思之苦，但又要保持矜持，不能被发现。所以只能通过假装嗅青梅来掩饰自己的目的。

【名句赏析】

1. 略

2. 和羞走，倚门回首，却把青梅嗅

【拓展延伸】

例:《浣溪沙·闺情》

绣面芙蓉一笑开,斜飞宝鸭衬香腮。眼波才动被人猜。

一面风情深有韵,半笺娇恨寄幽怀。月移花影约重来。

第二章第一节

【文意探究】

1. 略

2. (1)秋季 (2)轻解罗裳,独上兰舟

【情感体悟】

1. C

2. 一种相思,两处闲愁

【名句赏析】

1. 略

2. C(非岁月比喻,而是水独自流去,不理会词人情怀,更加感伤)

【拓展延伸】

1. 李清照的《一剪梅·红藕香残玉簟秋》倾诉相思、别愁之苦,句句伤感,句句抒情,道尽了相思之苦。“才下眉头,却上心头”短短的八个字,极其形象地描绘出词人那种想放下却又放不下的复杂心态。而蒋捷的《一剪梅·舟过吴江》写于南宋消亡之初,词人开始流浪,在流浪途中乘舟经过吴江县的吴淞江。这首词既表达了词人的思乡、伤国之情与动荡漂泊之感,也是一首写在离乱颠簸的流亡途中的心歌。

因此,从情感表达上讲,蒋捷的《一剪梅》表达思乡思归之情,李清照的《一剪梅》表达相思之情。表达的情感不同,但通过词牌《一剪梅》都同样真挚地表达了出来。

第二章第二节

【文意探究】

1. 略

2. B

3. 薄雾浓云愁永昼，瑞脑消金兽

【情感体悟】

1. C

2. 佳节又重阳，玉枕纱厨，半夜凉初透

【名句赏析】

1. 莫道不消魂，帘卷西风，人比黄花瘦

2. 菊花外形淡雅清秀，与李清照因相思而消瘦的体态相近，贴切地反映了她与丈夫分隔两地后孤独、愁闷的心情。以花喻人，花人相映，人如花，花如人，营造了婉曲优美的艺术情境。

【拓展延伸】

1. ①知否，知否？应是绿肥红瘦。——《如梦令》

②莫道不消魂，帘卷西风，人比黄花瘦。——《醉花阴》

③新来瘦，非干病酒，不是悲秋。——《凤凰台上忆吹箫》

第二章第三节

【文意探究】

1. 略

2. (1)丈夫(赵明诚)　(2)望断归来路

【情感体悟】

1. AB

2. (1)√ (2)√ (3) ×

【名句赏析】

1. 一寸　千缕

2. 不能,因为“遍”说明倚靠时间之长,更能突出深闺女子的百无聊赖,进一步表明了等待之久,思念之苦。

【拓展延伸】

1. ①日暮乡关何处是　②恰似一江春水向东流　③无边丝雨细如愁　④言之有理即可。例:月落乌啼霜满天,江枫渔火对愁眠　张继

第二章第四节

【文意探究】

1. AD

2. 丈夫(赵明诚)　凝眸处,从今又添,一段新愁

【情感体悟】

1. D

2. C

【名句赏析】

1. CD

2. 这些典故都和离别的哀愁有关,都能表现相思之情。李清照引用典故,借古人之口,抒发了自己的离愁别绪,“武陵人”指代的就是自己的丈夫,“烟锁秦楼”表达了自己求而不得,痴痴等待的思念之情。

【拓展延伸】

1. (1)姜太公或伊尹　(2)孙权　(3)周瑜或大乔、小乔

第三章第一节

【文意探究】

1. 略

2. (1)① 庭 院 深 深/深 几 许 ?

② 云 窗 雾 阁/常 扃 。

③ 春归/秣陵树，人老/建康城。

(2)柳梢梅萼渐分明　云窗雾阁常扃　试灯　踏雪

【情感体悟】

1. ABC

2. D

【名句赏析】

1. 略

2. “人老建康城”更好，因为“春归”对“人老”，写出了春天去了会再回来，而年华老去不会再来的悲哀和感慨。或答“人客建康城”更好，李清照的后半生颠沛流离，始终是“独在异乡为异客”，所以“人客”更符合她的心情和处境。(言之有理即可)

【拓展延伸】

1. 略

第三章第二节

【文意探究】

1. 略

2. (1)人杰　鬼雄　项羽(不肯过江东)

(2)生当作人杰，死亦为鬼雄

【情感体悟】

1. ABCD

2. 沉痛悲愤，慷慨雄健，壮怀激烈。(言之有理即可)

【名句赏析】

1. 略

2. 例：喜欢甲图，这首诗的语言直白浅近，表达了诗人对南宋统治者沉痛的谴责，楷书转折处多用方笔，以表现其深刻凝重，形体方正、笔画平直，与这首诗的特点相符。

喜欢乙图，隶书方正古朴，笔画轨迹有显著的粗细、转承变化，富于生命力，适合表现诗中慷慨高洁的爱国之情。

喜欢丙图，草书笔意奔放，体势连绵，蕴含着豪情万丈的气势，这首诗的情感高亢激烈，悲愤之情喷薄而出，适合用草书表现。（言之有理即可）

【拓展延伸】

1. 略

2. 略（言之有理即可）

第三章第三节

【文意探究】

1. 略

2. 梅　折梅

【情感体悟】

1. B

2. D

【名句赏析】

1. 略

2. 回答同意或不同意都可以，言之有理即可。

示例一：我同意这种说法。古往今来，梅花在人们的心中是品质高洁、纯洁无比的象征，就好比李清照心中永不磨灭的爱情与回忆。她就像寒冬绽放在枝头的梅花一般，就算历经严霜苦雪，亦不会被掩盖住俏丽的身姿和浓郁的花香。梅花好似一种希望，梅花开放了，春天不会远，美好也不会远。李清照亦寄情于此，希望战火早日消退，迎来曙光和黎明。

示例二：我不同意这种说法。赵明诚去世后，李清照纵有满腔悲苦，又能向谁诉说呢？她折下了一枝梅花，想寄给所怀念的人，可是人间天上，都再也找不到可以寄予的那个人了。窗外风雨凄凄，《梅花三弄》的笛曲吹开了枝头的梅花，春天虽然来临了，却无法掩盖李清照余生的幽恨。

【拓展延伸】

1. 示例：苏轼悼念亡妻，用“十年生死两茫茫”等词句直抒沉痛。丧妻之痛如同汹涌浪潮，绵延泛滥，一发不可收。李清照的这首词引用“梅”这个意象，表达沉重的悲情。笛声惊破梅心，“惊破”中“惊”的是国破家亡、生离死别，不容准备和反应；“破”的是千疮百孔的心，是未亡人寸寸碎裂、无法补缀的悲伤和寂寞。

第三章第四节

【文意探究】

1. 梦中海天溟蒙的景象及与天帝的问答　豪放

2. 略

【情感体悟】

1. 示例一：甲图中的草书最符合诗词意境，笔画纵横飘逸、作品气势磅礴，符合词人在词中所描绘的要像大鹏那样乘万里风高飞远举的神奇意境。

示例二：乙图中的行书有简洁的行笔和线条，在一定程度上率意表情，生动流畅，很符合词人在词中酣畅淋漓地描绘自己要像大鹏那样乘万里风高飞的率性情感。

示例三：隶书讲究“蚕头燕尾”“一波三折”，庄重工整。词人在词中所描绘的景象大气而稳重，符合隶书的特点。

（言之有理即可）

2. D

【名句赏析】

1. 略

2. 示例：我同意这种说法。开头两句写水天、云涛、晓雾、星河、千帆等景象，极为辽阔、壮美。“接连”二字把四垂的天幕、汹涌的云涛、弥漫的大雾巧妙地组合在一起，尽显瑰奇、雄伟。下阕的

"九万里风鹏正举"虚实结合,境界愈加恢宏。词风豪放,表现出词人豪迈的气概。(言之有理即可)

【拓展延伸】

1. 略

第四章第一节

【文意探究】

1. 略

2. (1)B (2)C (3)日晚倦梳头 欲语泪先流

【情感体悟】

1. B

2. 略(言之有理即可)

【名句赏析】

1. 略

2. ABCD

【拓展延伸】

例:

①瀚海阑干百丈冰,愁云惨淡万里凝。——《白雪歌送武判官归京》岑参

②已是黄昏独自愁,更著风和雨。——《卜算子·咏梅》陆游

③一种相思,两处闲愁。——《一剪梅》李清照

理由略,言之有理即可。

第四章第二节

【文意探究】

1. 略

2. (1)晚秋 (2)大雁 满地黄花(菊花) 梧桐 细雨

(3)B

【情感体悟】

1. ABCD

2. 寻寻觅觅、冷冷清清、凄凄惨惨戚戚　这次第，怎一个愁字了得　淡酒　晚风　雁　黄花　梧桐　细雨

【名句赏析】

1. 略

2.

(1)无边落木萧萧下，不尽长江滚滚来。

(2)桃之夭夭，灼灼其华。

(3)谁知盘中餐，粒粒皆辛苦。

【拓展延伸】

1. A

第五章第一节

【文意探究】

1. 秦观　黄庭坚　吴文英　周邦彦　盖不徒俯视巾帼　直欲压倒须眉

2. C

【拓展延伸】

1. 略

2. 略

第五章第二节

【文意探究】

1.李清照取《归去来兮辞》中“审容膝之易安”一句(即觉得住在简陋的小屋里很舒服)中的“易安”二字,号“易安居士”。

易安居士、千古第一才女、婉约词宗、藕神、李三瘦等

2.盖不徒俯视巾帼,直欲压倒须眉　略

【拓展延伸】

1.略

2.略